作文指导报 中小学读写

作文与指导
冰心题

"文坛祖母"冰心老人多次亲切会见《作文指导报》编辑，并为本报题写报头、书名。

世纪哲人冯友兰为《作文指导报》题词："言之无文，行而不远；修辞立其诚。"本报还设立了"冯友兰奖学金"，用于奖励品学兼优的中学生。

作文指导报

创刊 30 余载 发行量逾千万份
影响几代人 深受读者喜爱

中小学读写指导，我们很权威！

"文坛祖母"冰心、世纪哲人冯友兰、著名作家姚雪垠、著名作家二月河、著名作家宗璞、原国家总督学柳斌、教育部原副部长臧伯平、著名教育家韩作黎、著名语文教育专家于漪……众多作家、学者、教育界人士的支持、指导和帮助，让《作文指导报》成为全国权威、优秀的读写指导读物之一。

国内高品质教辅报纸的代表

在国家报刊审读中心的综合质量评审中，《作文指导报》已连续三年名列前茅，并曾获评为全国教辅类报纸文科类第一名。

因为专业，所以优秀

《作文指导报》连续多年押中全国各地中考、高考作文题，在家长、一线老师和其他教育工作者中有着极佳的口碑。

超好玩的小学生语文百科书

主　编：李　萌

副主编：郭新印

编　委：马慧珍　周录恒　刘斌霞　刘君杰　张传权

　　　　张定勇　崔矿山　孙　超　程必荣　贺留堂

北京理工大学出版社

BEIJING INSTITUTE OF TECHNOLOGY PRESS

图书在版编目（CIP）数据

假戏真做的作家们／李萌主编. —北京：北京理工大学出版社，2017.1
（作文指导报）
ISBN 978 – 7 – 5682 – 3426 – 9

Ⅰ.①假⋯　Ⅱ.①李⋯　Ⅲ.①小学语文课 – 课外读物　Ⅳ.①G624.203

中国版本图书馆CIP数据核字（2016）第295387号

出版发行／北京理工大学出版社有限责任公司
社　　　址／北京市海淀区中关村南大街5号
邮　　　编／100081
电　　　话／（010）68914775（总编室）
　　　　　　（010）82562903（教材售后服务热线）
　　　　　　（010）68948351（其他图书服务热线）
网　　　址／http://www.bitpress.com.cn
经　　　销／全国各地新华书店
印　　　刷／北京市兆成印刷有限责任公司
开　　　本／710毫米×1000毫米　1/16
印　　　张／8
彩　　　插／1　　　　　　　　　　　　　　　　　　　责任编辑／李慧智
字　　　数／94千字　　　　　　　　　　　　　　　　文案编辑／李慧智
版　　　次／2017年1月第1版　2017年1月第1次印刷　责任校对／周瑞红
定　　　价／19.80元　　　　　　　　　　　　　　　　责任印制／马振武

小学生丁丁的神奇阅读周计划

可爱的小学生丁丁是《作文指导报》忠实的小读者，他从一年级就开始订阅报纸，一看起报纸来就爱不释手，连最让他着迷的动画片都顾不上看了。这份报纸的吸引力怎么这么大呢？

事情是这样的，丁丁曾经因为语文成绩不理想，经常闷闷不乐。一天，他正嘟着嘴巴在书桌前发呆，突然脑海中冒出来一个想法——给《作文指导报》的编辑姐姐写信求助。在信中，丁丁诉说了自己在语文学习上的苦恼，并征求编辑姐姐的建议。

不久，编辑姐姐就回信了，这让丁丁开心极了。更让他开心的是，编辑姐姐为他制订了一份丰富而有趣的阅读周计划，来帮助他提高语文成绩。经过几周的阅读，丁丁发现，语文原来是一座五彩缤纷的百花园，漫步其中，让他流连忘返。要说他的语文成绩，当然是突飞猛进啦！

小朋友，丁丁语文学习大进步，阅读周计划功不可没。这份阅读周计划的"魔力"究竟在什么地方呢？让我们一起来看一看吧！

我们住在地球村

丁丁告诉我，他其实是一只爱读书的"小书虫"，还特别喜欢在个人空间上写读书笔记。这不，他最近又更新了一篇：

《80天环游地球》是我读过的最有趣的科幻小说，主人公福格先生竟然为了赢得2万英镑的赌注，和他的仆人"万事通"走欧洲、过非洲、越亚洲、跨美洲，用了整整80天的时间才成功环游了地球。其间，他们利用了轮船、火车、马车、游艇、商船、大象和雪橇等一切可以利用的交通工具，简直就像唐僧师徒西天取经一样艰难……

我也好想像福格先生一样环游全世界啊！

我想告诉丁丁的是，对我们来说，环球旅行现在已经不再是什么新鲜事了，乘飞机从中国到地球另一面的美国，也只要十多个小时。科技的迅猛发展让世界变得越来越小，全世界的人们就像生活在一个地球村里。丁丁想要将他的大脚印留在世界的每一个角落，这个梦想是一定能实现的。

为了帮助丁丁提前领略世界各地的人文风情，我特意为他整理了来自全球不同国家的小朋友们写的优秀文章，希望这一道"漂洋过海"而来的阅读大餐，能够激励丁丁努力学习，快乐成长。

最近，丁丁给我回信了，他说很喜欢我为他准备的这份阅读大餐。"读了世界各国小朋友的作文后，像是真的交了很多外国小朋友呢！"

第3章

我的愿望
游日本的野生动物园

第4章

我的经历
香喷喷的奥地利假期

第5章

第6章

第7章

我的憧憬
雪天的美国也有阳光

第8章

我的理想
来自马来西亚的吸音宝葫芦

精彩有趣的阅读大会
就要开始了,
快跟我一起去参加吧!

第 1 章

★ 我的榜样 ★
英国女邮递员贝蒂

老师说，阅读是一次神奇的旅行，在阅读中，我们可以在各个时空、各个国度里自由驰骋，想去哪儿就去哪儿。这真是太不可思议了！

邮递员——我最好的朋友

【英国】凯瑟琳·简·纽科娃

我小时候生活在一个叫作梅切的小村庄里。我们的信是由一个大家都熟知的叫作"邮政贝蒂"的妇女送的。

我们村在山上，我家的房子又是"邮政贝蒂"早晨邮班的最后一站。所以，她送完最后一封信，常常到我家喝一杯茶或咖啡。

贝蒂到我家来的时候，会给我讲讲她工作的事情。她早上五点钟就起床，走下山坡，从她住的偏僻的农庄到村政府去帮忙分拣信件。冬天如果下大雪，行走艰难，贝蒂就乘拖拉机上班。信件分拣完后，她就把一捆捆的信放进邮包。她先在村镇投递，然后再回到村政府去取另一袋装得满满的邮件送到我们村子来。她在这里得为两百户人家送信，全部工作大约在吃早饭时就要完成。

我很想知道贝蒂为什么选择这么艰苦的职业。她说，她住在一个偏僻的农庄里，见不到多少人，邮递员工作可以使她接触到各种人。村子里的老人看见贝蒂来都非常高兴，即使没有他们的邮件。贝蒂一边走，一边微笑，亲切地向他们打招呼。每星期五早晨，一位老太太站在家门口，手里拿着口袋和购物清单，等待贝蒂来后交给她。贝蒂把口袋和单子交给食品杂货商，杂货商就把老太太要的东西送去。她还常常把老年人的口信捎到其他村庄。有时，她还给医生留下便条请他去看病人。

因为贝蒂给大家做了许多好事，而且总是高高兴兴的，所以大家都认识她，"邮政贝蒂"成了村子里一个十分重要的人。所有的人都和她是朋友。她是每年教区的鲜花和植物展览评审委员会的委员，名单上总是写着"邮政贝蒂"的名字。村中的老人开会时，她还受到邀请去给某位老人庆祝生日，送上一束鲜花，或者给中奖者抽号。有一次，她还被请到学校里给孩子们介绍她的邮递工作。

后来，"邮政贝蒂"因为要做个小手术，住进了医院。全村人给她送去满满一袋子信件，祝愿她早日恢复健康。医生发现贝蒂腿上患有血栓症，村民们都非常难过，大家知道，如果贝蒂不回去，村子里的生活再也不会像过去一样了。幸亏医生说邮递工作对贝蒂有好处，因为她需要锻炼。

我现在已经离开了这个村子，可还总想着我认识的第一个女邮递员。她帮助了那么多年轻人和老年人。我母亲常说，贝蒂是任何一个学校也培养不出来的公益事业服务员。我过去有时也叫她的姓，但后来就忘记了，对于我来说，她永远是"邮政贝蒂"。

【简评】

英国小朋友凯瑟琳·简·纽科娃的作文之所以引人入胜，是因为她写了她最熟悉的人，她最好的朋友。

怎样才能写好一个熟悉的人呢？这篇文章告诉我们：要写出人物在干什么、怎么做的，写出能体现人物个性的细节。"邮政贝蒂"以她勤勉的工作受到人们的喜爱：她每天去政府取一袋满满的邮件到山村投递；冬天乘拖拉机上班也不耽误工作；老人们看见她来都非常高兴，即使没有他们的邮件；帮人订货，捎口信……正因为这一切，贝蒂成了村里一个十分重要的人。

贝蒂深受人们喜爱的事也写得很细致。她受到邀请给过生日的老人送花，给孩子们介绍她的邮递工作。在她生病住院时，全村人给她送去满满一袋子信件。这些细节都写得很感人。

充实的材料、生动的细节来自平时的用心观察。只有这样，才能写好熟悉的一个人。

幽默派对

什么是电报

强强突然问爸爸："什么是电报？"

爸爸告诉他："就是把要说的事写在纸上，一般就十几个字，然后去邮局，让工作人员通过无线电传给对方。"

强强恍然大悟："就是让邮局代发一个短信嘛。"

我的妈妈不优雅

李荷卿　编译

我的妈妈不像别的孩子的妈妈们那样优雅。

优雅妈妈们穿优雅的衣服，开优雅的汽车，而我的妈妈送我上学的时候穿园艺衫。

有时候，她会哼歌，甚至还会吹口哨。我拽她的手，轻声阻止她："人们都在看了。"

"可是，简，今天多美呀！"妈妈愉快地说。

优雅妈妈们笑的时候，她们的笑声轻轻的、柔柔的。而我妈妈笑的时候，你在几里之外就能听到。

我示范给她看该如何轻轻地笑。她练习了一下，只做一个礼貌的笑后，就又开始大声笑了，甚至比以前笑得更响亮。

在业余歌手演唱会上，我的妈妈跳起来，大声鼓掌欢呼："好哇，唱得真好！"而不是像优雅妈妈们那样有礼貌地轻轻鼓掌。

我们班要举行徒步郊游，老师邀请学生父母们参加。为了防止妈妈做出让我觉得羞窘的举动，那天吃早餐的时候，我就一遍又一遍地向她宣布我的戒律："请不要哼歌，不要吹口哨，不要大声笑，不要拍手，站在队列里。"

那天，别的妈妈们都穿着名牌衣服和簇新的运动鞋。而我的妈妈则身穿一套蓝布牛仔衣，头戴一顶邋遢的草帽，脚蹬一双旧旅游鞋。

我们排成一条长队徒步行走。走不多远，妈妈就开始吹口哨。她吹的是她的远足歌："她将绕山而来……"我朝她摇了摇头。她戛然而止，低声说："哎呀，对不起！"我们继续往前行走。

一切似乎很顺利。突然，我们的老师斯蒂尔小姐停住了脚步，用手指着前方，大叫："蛇！"

所有的妈妈们都紧紧地抓着她们孩子的手朝后退去，除了我的妈妈。

孩子们全都伸长脖子去看。

"小心！它可能是毒蛇！"斯蒂尔小姐说。

妈妈们闻言不约而同地又往后退了几步。当然，还是除了我的妈妈。她走上前去，弯下腰，说："嗯，让我来看看它是什么蛇。不，它不是毒蛇。"

我闭上了眼睛，因为我知道接下来会发生什么事。

妈妈突然伸手朝蛇抓去。"抓住了！"她说。

别的妈妈们都吓得大气也不敢出，有的妈妈还大声尖叫，听起来一点也不优雅了。

当我的妈妈查看那条蛇的时候，孩子们围在妈妈四周。"可以摸，没事！"妈妈说。

别的小孩儿都很害怕，所以我就先摸。"蛇身上凉凉的、滑滑的，一点儿都不黏。"我告诉他们。

孩子们立刻排队一个一个上前摸蛇，几位优雅妈妈也伸出手去摸蛇的尾巴。

后来，当我们在野餐桌前停下来的时候，斯蒂尔小姐说："把你们的纸和笔拿出来，找一个位置坐下，将你们认为这次徒步旅行中最有趣的部分画下来。"

过了一会儿，我扫视了一眼其他孩子，发现每个孩子的画儿上画的都是妈妈和我，还有那条蛇。

当我们结束徒步旅行，往回走向公共汽车的时候，我捏了捏妈妈的手，说："我很高兴我没有向你宣布我的'别抓蛇'戒律。"

妈妈笑了。

可是过了一会儿，她就又开始吹起了口哨！吹的还是她的远足歌。

我起初想用嘘声阻止她吹下去，但很快我就改变了主意。我深吸了一口气，跟着唱道："她将绕山而来……"

其他人也都跟着唱起来，包括那些优雅妈妈们。

【收藏理由】

这是一篇很有意思的文章，写的是"我"那个一点也不优雅的妈妈，在一次徒步郊游中却成了同学们和他们那些优雅妈妈们眼中的"明星"。小作者在一次次对比中为我们展现了妈妈的率真与可爱。相信最后这位可爱的妈妈，不仅感染了"我"和那些优雅妈妈们，也感染了每一位读者。

伯乐改行

来卫东

　　伯乐是位相马专家，在城里开了一家相马馆，给军队挑选千里马。由于他挑的马跑得快、耐力足，因此相马馆生意一直不错。

　　过了一阵儿，战事结束了，人们不再需要千里马，伯乐的专长没了用武之地，相马馆生意十分冷清。没了收入，伯乐一家的生活很窘迫。

　　一天，伯乐的妻子对他说："现在是和平年代，人们不需要千里马，你不如改行吧。"

　　"改行？"伯乐眼前一亮。

　　"对呀，你可以相牛、相猪、相鸡……咱总不能守着这么好的手艺没饭吃吧？"妻子继续开导他。

　　"让我考虑考虑。"伯乐谨慎地说。

　　经过思考，伯乐听从妻子的建议，摘下"相马馆"的牌子，挂上了"专相家畜家禽"的牌子。

　　伯乐开始相牛。过了几天，养牛的农夫来找他，怒气冲冲地说："伯乐，你相的啥牛？它不好好犁地，跑得飞快，简直是头'奔牛'。"

伯乐开始相猪。过了几天，养猪的农夫来找他，怒气冲冲地说："伯乐，你相的啥猪？它不好好吃食，跑得飞快，简直是头'快猪'。"

伯乐开始相鸡。过了几天，养鸡的农夫来找他，怒气冲冲地说："伯乐，你相的啥鸡？它不好好下蛋，跑得飞快，简直是只'飞鸡'。"

伯乐无奈，只好宣布停业。看来，机械地用相马的方法相别的家畜家禽，还真不行。

快乐诗园

小鲫鱼和麻雀

林武宪

小鲫鱼说
做麻雀一定比做鲫鱼有意思
我希望变成一只鸟
飞就飞 叫就叫
多么自在逍遥

小麻雀说
为什么我不是一条小鲫鱼
在水中游啊游的
一定比在天上飞更有趣

嘿，你睡着了吗？

代晓琴

　　冬天到了，大雪纷纷扬扬，整个林子白茫茫的。小熊怎么也睡不着，他还惦记着一些很重要的事情。

　　"嘿，妈妈，你睡着了吗？门前的梧桐树穿羽绒服没有，它会不会冷呀？"

　　"不会的，快睡吧！"熊妈妈翻过身，打了一个哈欠。

　　小熊还是不放心，他悄悄爬起来，溜了出去。

　　梧桐树已经脱掉那件破破烂烂的外套，挺着腰板儿站得笔直笔直的，正朝他笑哩！

　　小熊回到房间，可还是睡不着，他想起花园里的鸡冠花，她冷不冷呢？

　　"嘿，妈妈，你睡着了吗？"熊妈妈一点反应也没有，已经睡着了。

　　小熊又溜出门，可花园里到处也找不到鸡冠花。

　　"鸡冠花，你到哪儿去了？"小熊着急了。

　　"是小熊吗？我是鸡冠花的孩子，妈妈留下我陪你玩。"原来鸡冠花妈妈撒下种子，用泥土给孩子当棉被，看来鸡冠花也冻不着。

　　小熊放心地回到屋里，在妈妈身边躺了下来。

"好冷呀，谁来帮帮我？"窗外的水仙花边哆嗦边小声喊道。

"嘿，妈妈，你睡着了吗？"熊妈妈正打鼾呢！

小熊再次溜出去，把水仙花搬进了屋里。在水仙花的幽香中，小熊钻进暖暖的被窝，不一会儿就进入了甜甜的梦乡。

【喵博士讲科学】

水仙花是多年生草本植物，喜欢温暖，不耐寒，所以冬天需要搬到屋子里养殖。

名人名言

生活里没有书籍，就好像没有阳光；智慧里没有书籍，就好像鸟儿没有翅膀。
——【英国】莎士比亚

人们在一起可以做出单独一个人所不能做出的事业；智慧、双手、力量结合在一起，几乎是万能的。
——【美国】韦伯斯特

祝枝山写歧义联

佚名

祝枝山是明代有名的"江南四大才子"之一。他善于利用不同的断句方法，使句子产生完全不同的意思，这样的句子组成的对联称作歧义联。下面的对联就是一个很好的例子：

明年逢春好不晦气
终年倒运少有余财

相传这副对联是祝枝山送给友人的。友人一见对联，立刻满脸阴云，认为这是一副晦气的对联。祝枝山不慌不忙，说道："莫急莫急，你且听我读一读。"于是，他大声读道："明年逢春好，不晦气；终年倒运少，有余财。"转化了读法，这副对联立刻变得喜气洋洋了。友人听了，脸色立即阴转晴。原来，祝枝山是利用了加标点的技巧，钻了断句的空子。

祝枝山写的歧义联还不止这一副。有一次，友人要迁入新居，他给友人的小屋写的对联是：

此屋安能居住
其人好不悲伤

乍一看，这又是一副很丧气的对联。可是祝枝山通过在句子中加标点，分开句子，把它读作：

此屋安，能居住
其人好，不悲伤

这样，对联就变成用来赞美小屋的了。

趣味语文

绕口令

（一）

山前有只虎，山下有只猴。
虎撵猴，猴斗虎；
虎撵不上猴，猴斗不了虎。

（二）

王婆卖瓜又卖花，
一边卖来一边夸，
又夸花，又夸瓜，
夸瓜大，大夸花，
瓜大，花好，笑哈哈。

星期六 Sat.

✳【玩转语文】✳

纸上植物园

佚名

请在括号内填入适当的花名、树名、菜名或果实名。

①望（　）止渴

②（　）暗花明

③势如破（　）

④负（　）请罪

⑤（　）花一现

⑥（　）断丝连

⑦囫囵吞（　）

⑧三顾（　）庐

⑨百步穿（　）

✄ 【参考答案】┄┄┄┄┄┄┄┄┄┄┄┄┄┄┄┄┄┄┄┄┄┄┄┄┄┄┄

①梅 ②柳 ③竹 ④荆 ⑤昙 ⑥藕 ⑦枣 ⑧茅 ⑨杨

彩虹

佚名

今天下午，下了一场大雨。雨后我来到院子里，看见天空出现了一条五彩缤纷的彩虹，弯弯的就像一座小桥。

我问奶奶："彩虹是怎么来的？"奶奶说："天上有一位光明神，虹就是他的弓，他休息时，就把自己的弓挂在云端。"

我还是不懂，就去问爸爸。爸爸说："雨后，天空中有许多小水滴。阳光照射到水滴上，光线经过折射及反射，就形成了一道拱形的七彩光谱，从外至内分别为赤、橙、黄、绿、青、蓝、紫，这就是我们看到的彩虹。空气中的水滴越大，彩虹就越美丽。"

【练习提升】

1. 找出短文中表示颜色的词，写在下面的圆圈中。

2. 第一自然段中表示彩虹出现时间的词是 ________ ，表示彩虹色彩的词是 ________ ，表示彩虹样子的词是 ________ 。

3. 你能不能把量词宝宝送回家呢？试一试把它们连起来。

一阵	彩虹
一条	大雨
一座	水珠
一滴	小桥

4. 我会照样子仿写句子。

例：弯弯的彩虹就像一座小桥。

________像________。

【参考答案】

1. 赤、橙、黄、绿、青、蓝、紫。
2. 雨后　五彩缤纷　弯弯的
3. 一阵大雨　一条彩虹　一座小桥　一滴水珠。
4. 天上的星星像眼睛，眨啊眨的。（答案不唯一）

丁丁的阅读笔记

　　自从我读完英国小朋友凯瑟琳写的《邮递员——我最好的朋友》后，"邮政贝蒂"这个亲切的名字就时常在我的脑海里浮现。

　　"邮政贝蒂"是凯瑟琳最好的朋友，也是英国小村庄里一位普普通通却又可敬可爱的邮递员。贝蒂工作虽然辛苦，却总是将微笑挂在脸上，用爱心去关怀和帮助大家。当贝蒂生病住院后，"村民们都非常难过，大家知道，如果贝蒂不回去，村子里的生活再也不会像过去一样了"。

　　我在想，爱是有魔法的，只要大家把爱传递下去，村子里的生活还会依然美好的。

第 2 章

★ 我的选择 ★
给奶奶画像的韩国男孩

当大人好还是当小孩好？我说，当大人好，想干什么就干什么。爸爸却说，当小孩好，快乐地和这个世界一同成长是一件很美妙的事。

我画的奶奶像

【韩国】宋光浩

美术课堂。

美术老师强调：为从小培养大家尊敬老人的良好品行，这堂课每人画一幅自己奶奶的像。

"哇，太好了！"

"画奶奶还不容易……"

"多画几道皱纹，再把头发画成白色的，突出一下满口没牙的样儿，那不就是活生生的奶奶像嘛！"

同学们一边七嘴八舌地议论着，一边打开图画本。

我仔细地想了想我奶奶的样子，拿起画笔不紧不慢地画了起来。我奶奶也是头发已经白了一多半的人了，所以画头发时我用了黑白两色；脸嘛，也画了几道皱纹。奶奶一向都很慈祥，我尽力突出了奶奶微笑的模样。

下课铃声响时，我们把自己画的奶奶像交了上去。同学们画的大体上没什么差别，千篇一律的花白头发、布满皱纹的脸、弯着腰挂着拐杖的模样。

终于轮到欣赏我的大作了。这是怎么回事？此前，同学们还都平静地互相看着画，心里暗暗地评价着别人的画，可一见到我的画就哄堂大笑起来。我的脸顿时发烧了。本来就对美术不擅长而又没自信的我，眼泪都快掉下来了。

"你这画的哪是奶奶呀？简直是位大姑娘嘛！"

"可不是，哪有老奶奶的牙齿这样整齐又这样的白呀！"

"脸倒是老人相，可是笑的时候像少妇。"

同学们胡乱地评说着。我这才明白他们在笑什么了。

这时，老师让同学们安静下来，然后说："光浩，你到前面来说明一下你的画，好吗？"听了这话，我抬起了头，把刚才想哭的念头一下子抛在了脑后，鼓足勇气走到了前面。我把这张露着雪白的牙齿、满脸笑容的奶奶像高高地举过头顶，然后，用清晰而洪亮的声音向大家说明："我画的就是我的奶奶，她老人家今年72岁了，所以正如大家所见到的那样，头发已经花白了，脸和手上也都布满了皱纹。但我奶奶有和别的老人不同的地方，那就是嘴没有瘪，牙没有掉一颗，也没有一颗虫牙，干干净净的。就是现在，她老人家什么酸的硬的也都能吃，可能是这个缘故吧，她很少生病，健健康康的。"

那天我特别想奶奶，一下课就跑回了家。奶奶像往常一样，笑着露出雪白的牙齿，一脸慈祥地迎接我。我向奶奶述说了美术课上的事。奶奶笑着说："说的是呀，一口好牙是人五福之中的一福啊！画像和做事一样，都要实事求是呀！"

听了奶奶的话，我明白了做人的道理。

"今天的画，光浩最优秀！"晚上，想起老师的评语，我心里甜甜的。

【简评】

文章构思独具匠心，表达效果极佳。先写同学们的议论——似乎人像好画，大家都胸有成竹，而后来他们都画得千篇一律，前后反差很大。"我"不擅长画画，却画得用心，画得真实，与同学们的表现形成对比。评画时，大家哄堂大笑，使"我"非常窘迫、难受。"我"讲出了这样画的理由，立刻峰回路转。结果出人意料，又合情合理，奶奶的话、我的领悟，点明并升华了中心思想，而老师的赞语在尾段带出，也十分巧妙。

幽默派对

三包

小贝看到电视里正在播放某产品实行三包的广告，就对妈妈说："妈妈，从明天起，我也要三包。"

妈妈不解地问她："什么三包？"

小贝："糖一包、饼干一包、巧克力一包。"

长辈梦

秦文君

　　小时候我发疯一样想成为大人，做长辈，觉得只有这样才能有各种权利：可以有装秘密的抽屉，带着暗锁；钱袋里永远不会是空空的；可以竖起指头同小孩们谈自己的高见。我特别想当的角色是妈妈，妈妈能决定孩子星期天去哪儿，能随便开食品柜，能戴戒指、穿丝袜，能同爸爸一块去参加别人的婚礼。这些都是我梦想的事。

　　我没看过教人做妈妈的书，可我在这方面是有天赋的。最初，是做了布娃娃的妈妈。那个布娃娃叫阿婷，圆脸红裙，我会给她编八条小辫子，乍一看，就像头上排了电线，还用彩纸给她做过一条披巾，可惜摆弄多了，她的胳膊掉了，再后来头也不知去向，变成个无头独臂的怪胎。阿婷消失后，我再也不想要布娃娃了，觉得意思不大，因为布娃娃太省事了，不需要催她快把汤喝光，也不需要叮嘱她别睡懒觉、别忘了带手帕。一天，邻居小燕来求我给她编小辫，我突发奇想，说给她当一小时的妈妈。

　　小燕爽快地答应了，像真的一样，一口一个"妈妈"地叫，但在这亲密诱人的称呼间加入了许多新要求。

　　"妈妈，右边的辫子重编，太高了。"

"妈妈，把你的紫色蝴蝶结给我用用。"

"我口渴得很。妈妈，有没有酸梅汤？"

"你手太重了，怎么搞的，妈妈连这都不会做！蝴蝶结皱了。"

这一小时的实践我吃足了苦头，让这娇女儿指挥得连气都喘不过来。她刚想让我洗盛酸梅汤的茶缸，我跳起来大叫："时间到了！"

我想怂恿小燕也当一小时的妈妈，让她尝尝当妈妈的滋味，不料她毫不犹豫地说："我一辈子不做妈妈，我怕小毛头撒尿。"

正说着，妈妈回来了，她打量着乱糟糟的房间，立刻卷起袖子去洗盛酸梅汤的茶缸。小燕暗笑，说："还是做女儿好，做妈妈太辛苦。"我怪她太懒惰，正巧妈妈问："谁把茶缸磕掉一块搪瓷。"

"不是我。"小燕说。其实是她刚才做女儿时发脾气用力在桌沿上敲了一下。她见我想开口，抢先一步说："弄坏时你是妈妈，全怪你。"

那缸子是她的爱物，可她没法大喊大叫，就因为她是妈妈。从那天起，我就不再急巴巴地想做长辈了，情愿不穿丝袜，情愿只用锡纸做一个假戒指。

名人名言

永远不要把人拿来比较，每个人都与众不同，重要的是要找到最适合自己的差异性。

——马克·李维《偷影子的人》

田野里的议论

佚名

田野里，有一丘稻田，紧挨着的是一丘白菜地。

秋天来了，稻谷快成熟了。一束束稻穗颗粒饱满，在阳光的照耀下闪烁着金色的光芒。

稻谷们禁不住感慨道："多好的阳光啊！这时可千万别下雨，不然就遭殃了。"

一旁的白菜接过了话茬儿："太阳有什么重要的？这时最好是下阵雨，我们的嗓子眼儿干得都快冒烟了。雨水才是生命的源泉！"

稻谷和白菜展开了激烈的争论。

稻谷说阳光重要。

白菜说雨水重要。

他们争得声嘶力竭，谁也说服不了谁。

这时，一条蚯蚓说："稻谷说阳光重要，白菜说雨水重要，你们都是根据自己现在的需要来说的。其实，阳光、雨水同等重要，我们思考问题要客观、全面，不能只从自身利益出发。"

稻谷和白菜听了，都不作声了。

小穿山甲的大本领

刘艳平

小穿山甲朦朦总是羡慕身边的朋友本领高强。小刺猬蜷起身子，变成刺球，不仅可以御敌，还可以把食物背回家。小熊会爬树，能轻而易举地采到蜂蜜。小松鼠会采松果和蘑菇，他的食物是最美味的。而朦朦呢？他除了挖洞，什么也不会，觉得很惭愧。

一天，小熊不小心掉进一个很深的地洞里，大伙儿急得团团转，试了很多办法，也没有把小熊救出来。

"要不，让我试试？"朦朦说。

大家很惊奇："你有什么好办法？"

朦朦紧张地擦了擦汗，说："我想在地洞旁挖一个通道，把小熊救出来……"

小刺猬一听，兴奋地说："真是一个好主意！"

于是，朦朦赶紧动起手来，开始用利爪挖洞。前进时，他把背上的鳞甲闭合，把洞顶抹平；后退时，他把鳞甲张开，像小铲子一样，把洞顶的土铲下来，带出洞外。不一会儿，一条宽敞的通道就挖好了，受伤的小熊得救了！大家激动地抱着朦朦说："你真棒！"

假戏真做的作家们

佚名

可怜乞丐竟是狄更斯

一天上午，狄更斯家的女仆去厨房准备午餐，看见一个乞丐在门口徘徊，一副可怜相。乞丐低声乞求道："请赏一口汤吧！"

这个乞丐见女仆朝他望，连忙拽拽破毡帽，想遮住自己的脸。

"啊，会不会是窃贼？"女仆十分害怕，于是向门外呼救。

"嘘，别嚷，是我呀！"大毡帽摘掉了，原来是主人狄更斯。

"先生，您是怎么啦？出了什么事？"

"没什么，我不过是想向你要一碗汤。"

"你在要饭？"

"是的。我不清楚一个乞丐、一个流浪汉去接受施舍的一碗汤时，会有什么样的感受。"

一次极好的生活体验被女仆的虚惊打断了，狄更斯很惋惜。

躲入柴房抽泣的汤显祖

一天，到了吃午饭的时辰，却不见汤显祖的身影。夫人跑到书房里去催，可是不在，于是就和家里人分头去找，依然没有下落。正当大家焦急之时，忽然一个丫环匆匆走来，惊诧地说："夫人，那边的柴房里有人在轻声啼哭。"大家立刻来到后院倾听，果真听见柴房里传出抽泣声，其中还断断续续夹杂着说话声："春香……还是你……旧罗裙……"他们推门进去一看，是汤显祖在哭！

原来汤显祖正在写《牡丹亭》一剧中的"忆女"一场，刚写到春香在后园祭奠生前待她亲如姐妹的女主人，看到女主人的罗裙时，她不禁泪流满面，悲伤至极……此刻，汤显祖已完全沉浸在剧情之中，好像自己就是春香。于是他怎么也抑制不住自己的感情，就躲进柴房里偷哭起来。

快乐诗园

小贝壳

王宜振

海边小贝壳，
请你告诉我：
你的年纪不算大，
为啥皱纹多又多？

贝壳笑呵呵，
悄悄对我说：
那是条条录音带，
录下大海一支歌。

你见过"板栗"吗?

佚名

你见过"板栗"吗?某日逛街,见一家炒货店的招牌上写着四个大字——"糖炒板粟",不觉哑然失笑。显然,这里的"板粟"是"板栗"之误。

栗,从西从木,是个会意字。栗是栗属植物的统称,最常见的为落叶乔木或灌木,叶子边缘有锯齿,初夏开花,其果实包在球形带刺的壳内,可以食用,也叫"板栗"。栗,又是"慄"的简化字,指因恐惧或寒冷而发抖,如"战栗""不寒而栗"。它跟板栗的"栗"不是同一个意思,不可混淆。

粟,从西从米,也是个会意字。粟为一年生草本植物,叶片呈线状披针形,籽实呈卵圆形,黄白色,去壳后成米,北方统称"谷子",如"粟米""沧海一粟"等。粟,也是姓氏。

在作文中,栗、粟二字混写的不在少数,原因就是这两个字形近。但是我们只要分辨清楚两个字在形体上的区别,这种错误就会避免了。栗,指木本植物栗树,也指其果实,故字的下边为"木";粟,是草本植物,果实去壳即是米,故字的下边是"米"。同学们,你记住了吗?

打比方

宋玉坤

　　小熊看看天上的太阳说："太阳圆圆的，就像我家的大水缸。"小猴说："太阳就像一只金色的大圆盘。"

　　小熊指指草地说："嫩绿的草就像黄牛身上的毛。"小猴说："草地好像一块绿地毯，厚厚的、柔柔的。"

　　小熊指着树上的柿子说："一个个柿子就像一个个大拳头。"小猴说："树上结满了柿子，就像挂起了一盏盏小红灯笼。"

　　小朋友，小熊和小猴谁的句子说得好？

　　请你学着打比方：

（1）小东爬树爬得真快，就像一只（　　　）。

（2）一只小蜻蜓飞来了，就像一架小小的（　　　）。

（3）天上的月亮圆圆的，就像（　　　）。

✄- - -【参考答案】- ∘

丁丁的阅读笔记

《假戏真做的作家们》是我读过的一篇最有趣的名人故事。令人不可思议的是，像狄更斯这样的大作家为什么要假扮乞丐呢？难道他是为了好玩吗？

我把这个疑惑告诉了妈妈。妈妈说，作家为了让他们笔下的人物更加真实可信，往往会装扮成书里的人物进行换位体验。狄更斯不顾自己作家的身份假扮成一个可怜的乞丐，为的就是体会乞丐在接受施舍的时候，心里在想些什么。当他再写乞丐这个人物的时候，就有话可写了。

我明白了，只有乐于体验，才能写出真情实感的好文章。以后我也要多多体验生活。

第 3 章

★ 我的愿望 ★
游日本的野生动物园

假如我有一支会飞的扫把，我要坐上它周游世界，去埃及参观金字塔，去南极看仙企鹅登陆，去撒哈拉沙漠钓鱼……

游野生动物园

【日本】冈田彻边

假期里，我体验了各种生活。其中最令我难忘的是游野生动物园。

我特别喜爱动物。但是，我总感觉光从电视上看很不过瘾，一心想见到各种活生生的动物。当爸爸妈妈说要带我去野生动物园时，我高兴极了——长久的愿望终于要实现了。

我们坐上一种带有金属网罩的汽车，这种汽车是专供游客在游野生动物园时使用的。车斗里装了各种各样的食物、饲料，游客隔着金属网罩可以给动物喂食，没有一点危险。

第一个靠近我们汽车的是熊，它走起路来慢腾腾的。我们给它点面包，它狼吞虎咽地吃起来，你给多少它吃多少，那模样特别逗人发笑。

接着，长颈鹿向我们走了过来，我们给它吃橘子，它用长长的舌头卷起橘子吃了起来。听说长颈鹿的舌头有四五十厘米那么长，我第一次知道竟有这么长的舌头。我好奇地摸了摸长颈鹿的腿，和我想象的一样，它的腿很硬，腿上似乎没有什么毛。

大象也来到了我们的车前，在近处仔细一看，象鼻子鼻尖的直径大约有十厘米，鼻尖上还长着许多鼻毛。我还看到了大象那蜷曲的睫毛。

有人拿出饲料逗骆驼，骆驼紧追不舍，在行驶的汽车旁边"嗒嗒"地跟着行进，那神情真有意思。

随后走到车前的是狮子，仔细一看，电视里的狮子和它简直无法相提并论，眼前的狮子比我预想的要大得多。我们给狮子喂食，狮子大吼一声，摇晃着身子走了过来，好像不这样就无法显示它的威风似的。

置身于野生动物园，仿佛来到了原始丛林一般。这次游览令人陶醉，我还盼望着再次看到这些可爱的动物。

【简评】

这篇习作，小作者没有按照一般游记的写法来写，他将如何乘车前往和游览地的环境、规模、自然状况等一般游记常写的内容全部省略了。文章避弯就直，用一句话对全文做了必要的交代后，便直截了当地让动物与读者"见面"了。你看：贪吃的熊、长鼻子大象、追逐游览车的骆驼，威风凛凛的狮子……形态生动地一一从我们眼前走过，就好像我们也到野生动物园游览了一番似的。所以说，写法求新，剪裁得当是这篇文章比较突出的特点，值得同学们借鉴。

名人名言

要迎着晨光实干，不要面对晚霞幻想。
——【英国】卡莱尔

金色花

【印度】泰戈尔

假如我变成了一朵金色花，为了好玩，长在树的高枝上，笑嘻嘻地在空中摇摆，又在新叶上跳舞，妈妈，你会认识我吗？

你要是叫道："孩子，你在哪里呀？"我暗暗地在那里匿笑，却一声儿不响。

我要悄悄地开放花瓣儿，看着你工作。当你沐浴后，湿发披在两肩，穿过金色花的林荫，走到做祷告的小庭院时，你会嗅到这花香，却不知道这香气是从我身上来的。

当你吃过午饭，坐在窗前读《罗摩衍那》，那棵树的阴影落在你的头发与膝上时，我便要将我小小的影子投在你的书页上，正投在你所读的地方。

但是你会猜得出这就是你孩子的小小影子吗？

当你黄昏时拿了灯到牛棚里去，我便要突然地再落到地上来，又成了你的孩子，求你讲故事给我听。

"你到哪里去了，你这坏孩子？""我不告诉你，妈妈。"这就是你同我那时所要说的话了。

螃蟹的故事

邱裕华

很久以前，在一条河流边，一只小螃蟹出生了。当时的它，只长有两只脚。面对这个新奇的世界，螃蟹充满了好奇。

它来到沙滩上，迈着两只小脚，走来走去，很高兴。路上遇到一只乌龟，螃蟹刚要上前打招呼，可乌龟坏极了，伸出它的长脖子，一下就把螃蟹顶翻了。螃蟹爬起来去追乌龟，可它只有两只脚，怎么也追不上长着四只脚的乌龟。螃蟹累坏了，气喘吁吁地停在一棵树下休息。

这时，来了一只蜈蚣。螃蟹看到它全身竟然长满了脚，而且经过时，它的一只脚不小心碰了自己一下，就有毒汁刺进来，让人受不了。螃蟹感到愤愤不平，再三乞求上帝多给它长几只脚。上帝说："我只能满足你的一次要求，你可要想清楚，不要后悔。"螃蟹心想，"八"是大家喜欢的吉利数，自己就要八只脚吧，免得以后受别人欺负。上帝满足了它的要求。

第二天一早醒来，螃蟹高兴地看到自己果真长出了八只脚。它太兴奋了，可它很快就沮丧地发现，自己竟然不会走路了。由于脚突然增多，当它往前走时，怎么也无法让那些脚协调一致地朝前行走，而是前后交叉在一起，像打架一般，引来了众多旁观者的嘲笑。这时，它后悔不已，却无法改变眼前的一切。

痛苦的螃蟹经过一段日子的苦苦探索，终于想出办法：既然不能直走，那就横着走吧。很快，横着走的螃蟹成了大家眼里不一样的风景。

┃ 趣 味 语 文 ┃

李时珍巧对老师

李时珍，字东璧，号濒湖，明代蕲州（今湖北蕲春）人。他幼时聪明勤学，才思过人，5岁便能吟诗作对。有一天，老师顾日岩要他对对子，老师遥望窗外，即兴吟出上联：远山隔林静。

李时珍听了，略微思索便随即对答道：明霞对客飞。

顾先生听了，连连称赞。

李时珍"读书不治经生业，独好医学"，决心继承父业，以治疗黎民疾苦。他勤奋读书广搜博采，历时30年，阅读800余家医书，三易其稿，终于写成了医药学巨著《本草纲目》。他是我国历史上伟大的医学家和药物学家，对祖国和世界的医学发展做出了卓越的贡献。

用蹄子喝水的牛

郑柱子

森林公园里的小湖边经常聚集着很多动物，有来喝水的，有来洗澡的，还有来玩耍的，可热闹了。

时间一长，大家渐渐发现了一个秘密：刚从非洲来的小牛弟弟总是站在溪水里，仰望着天空，从没低头喝过水。

"小牛弟弟，你怎么不喝水呀？是不是想家了？"大象哥哥关心地问。

"象哥哥，我不是想家，我这是在喝水呢！"小牛弟弟笑着说。

"喝水？你不用嘴喝，水怎么流进肚子里呀？"大家都笑了起来。

"用我的蹄子呗！"小牛弟弟认真地说。

"什么？用蹄子喝水？哈哈！"大家的笑声汇成一片。

"这有什么好笑的！"小牛弟弟把一条腿抬得高高的，"你们看，我这蹄子上面的小孔，叫作'气囊'，水就从这儿吸进我的胃里。我在喝水的时候，可以抬着头观察周围的情况，随时准备逃跑。而且一些比较浑浊的水，可以经过气囊进行过滤，比直接喝进嘴里要干净得多呢！"

"嗬，原来你喝水的'嘴'，是长在蹄子上的呀！"大家又长了见识。

【喵博士讲科学】

非洲有一种名叫"非罗隆多特"的牛，它的长相与普通的牛没有什么区别，奇特的是，它喝水不是用嘴，而是用蹄子。

快乐诗园

叶笛

金波

一片小小的、薄薄的树叶，
就能吹出那么动听的音乐！

像树上小鸟的啁啾，
那样婉转、亲切；
像树下小溪的流淌，
那样柔美、明澈；
像林中微风的呼哨，
那样欢跃、轻捷。

这叶笛的音乐，
比小鸟更欢欣，
比小溪更深情，
比微风更活泼。

满山满树都是这样的树叶，
我的家乡是一个音乐的世界。

※【文史总动员】※

为虎作伥

魏安虎

午饭后，丁丁和当当在大街上玩耍。忽然，一辆警车从他俩面前呼啸而过，车上两名警察押着一个长发小伙子。

"那不是及第村的阿三吗？他怎么被抓起来了？"望着远去的警车，丁丁惊讶地问。

当当撇了撇嘴，说："他为虎作伥，罪有应得。"

"他喂老虎干什么了？"丁丁显然没有听明白，追问了一句。

"哈哈哈……"丁丁刚说完，当当便忍不住捂着肚子笑起来，"我说的是为虎作伥，不是喂老虎什么了。"

"为虎作伥？"丁丁挠了挠后脑勺，皱起眉头，"什么意思？"

"这个成语的意思是帮助恶人作恶，帮坏人干坏事，当帮凶。"说到这里，当当示意丁丁坐到路边一棵大杨树下，"说起这个成语，还有一个故事呢。从前，有一只凶猛无比的老虎。有一天，它到附近的山野里猎取食物，吃掉了一个人。但是，老虎不满足，抓住那个人的鬼魂不放，非让他再找一个人供自己享用不可。那个人的鬼魂为了自己能早日得到解脱，居然同意了。他装模作样，迷惑了另外一个人，还把那人的衣服脱掉，好让老虎吃起来更方便。这个帮助老虎吃人的鬼魂，就是伥鬼。"

"那个伥鬼太可恶了，真应该打入十八层地狱！"听到这儿，丁丁义愤填膺地说道。

"是啊，后人根据这一传说，把帮助坏人做伤天害理的事情，就叫为虎作伥。"当当向远处看了看，然后压低声音说，"那个阿三早就该抓起来了。听别人说，他跟外面的小偷有联系，还多次给那些人通风报信，到村子里偷东西呢。"

当当说完，丁丁笑了："今天太有意义了，我不但看到了警察抓小偷的场面，还学会了一个成语。"

趣味语文

钱和线

钱和线，长得像，要想弄清细分辨：
金旁叫钱它能花，买卖东西都用钱；
绞丝旁的就是线，织布缝衣要用线。
认真写字不要错，正确运用钱和线。

✳【玩转语文】✳

成语儿歌猜谜

佚名

（一）

几人一起比画蛇，
谁先画好把酒喝。
一人最先画好了，
再画蛇脚乐呵呵。
别人说蛇哪有脚，
将他手中酒壶夺。
"＿＿＿＿"作比喻：
做多余事反成拙。

（二）

有人赶象正经过，
三个盲人上去摸。
都想知道象形状，
摸了以后全说错。
各人只摸一部分，
部分当成整体了。
"_____"做比喻：
根据局部乱猜测。

花的启示
佚名

在我家的小院里，种着两种花：牵牛花和郁春棒。这是两种不同品格的花。

牵牛花一向把根埋在土里，自己依靠着葡萄架向上爬，那纤细的身体是那样（脆弱 柔弱），仿佛一阵轻风就能吹倒似的；而那郁春棒总是把根深深地扎在土壤里，依靠自己吸收的养料，在狂风暴雨的侵袭下，顽强地生长着。

春暖花开的季节，牵牛花开出一朵朵镶着花边、色彩艳丽的花朵，它躺在毛茸茸的叶子上，吹着喇叭（夸耀 夸奖）自己的美貌。郁春棒也（盛开 托出）一朵朵水灵灵的白花。白花绿叶，格外淡雅，但它并没有因此而飘飘然，只是默默地散发着浓郁的香气。这香气令人陶醉，招惹蜂飞蝶舞。

一进入金色的秋天，牵牛花早已枯黄的叶子纷纷凋零，花蕾也渐渐枯萎，最后只结下几粒（干枯 干瘪）的种子就死了。郁春棒也脱去翠绿的外衣，只留下几根一寸来长的茎露出地面，待到和煦的春风吹拂大地，就又（破出）土萌发。

在社会上，有的人软弱而肤浅，有的人扎实而坚强；有的人取得一点成绩就居功自傲，到处炫耀，有的人默默无闻为大家做了许多好事，从不向人夸耀；有的人遇到困难就畏首畏尾、垂头丧气，有的人无论遇到什么挫折都勇往直前，对未来充满信心。这是两种截然不同的人。

花是没有思维能力的，它只能按照自己的本性生存于世，人是有思想、有头脑的，他会决定自己怎样做人。

亲爱的朋友，你喜欢哪种人，愿做哪种人呢？

【练习提升】

1. 根据语境，从文中的括号里选出最合适的字词，画"√"。

2. 从文中找出下列词语的反义词。

坚强—— 　　　　勇往直前——

3. 读了这篇短文，你获得了怎样的启示？

丁丁的阅读笔记

"假如我变成了一朵金色花，为了好玩，长在树的高枝上，笑嘻嘻地在空中摇摆，又在新叶上跳舞……"泰戈尔老爷爷笔下的这个小朋友，可真是一个调皮又可爱的淘气包啊！

我在想，假如我也能变，我希望自己能变成一个无所不能的魔法师。不过，请放心，我不会与那些可恶的妖怪为伍做坏事。相反，我将会施展魔法，让凋零的花朵重新绽开笑脸，让干涸的大地重新焕发生机，让万物都恢复它们原来的样子。

此外，我还要把暖融融的阳光掺进魔法药水里，然后洒进每一个人的心里，这样一来，悲伤、仇恨这些坏家伙就会通通消失了。

第 4 章

★ 我的经历 ★

香喷喷的奥地利假期

哇，躺在温暖的被窝里，喝着妈妈烹制的热奶茶，这感觉可真好啊！我美美地想：明天是假期的第一天，爸爸妈妈会带我去哪儿玩呀？

有趣的假期

【德国】吉哑得可

　　我在奥地利的一个小村庄度过了我的长假。

　　小村庄周围环绕着许多沼泽和泥潭，那里有许许多多的鹬鸪。有一天我想去鹬鸪猎区。我带上锋利的弓箭，踏着重步，穿过潮湿的洼地，但是那许多的鹬鸪究竟在哪儿呢？

　　我穿过一片芦苇地也没有打到一只鹬鸪，脸和手却被划破了。尽管如此，我依然没有泄气，一口气走到了这片浓密的芦苇的尽头，站在碧绿的草地上，心想：今天我到底能打到什么呢？

　　咦，是什么东西在旁边的土豆地里窸窣作响？我立即扑倒在地，免得被发现。过了一会儿，我蹑手蹑脚地靠近土豆地，轻得几乎听不到声音。究竟是什么东西在那里发出这样的响声？大概是一只野兔！

　　突然，它从土豆地里走了出来，是只深褐色的、叽叽叫的小东西。在它身后又闪出一个大东西！我悄悄地从箭袋里抽出一支箭，上好，满怀希望地拉开弓，开射！呀，我射到哪儿去了？打中了吗？箭呼啸着接近了目标。咔嗒！箭落地了，我也像支离弦的箭冲了出去……我这一跃把那褐色的小东西和大东西给吓跑了，那是小鹬鸪和它的妈妈呀！我急切地跑到箭落地的地方，只见箭插在一束土豆秧上。唉，我再也见不着鹧鸪了！

我很气恼，无精打采地走回家。这种毫无收获的打猎，我再也不想沾边了。

【简评】

小作者记叙了自己在假期里去打鹧鸪的经过，从发现猎物到射箭捕猎，再到无功而返，写得很生动。小作者先写听见什么东西在"土豆地里窸窣作响"，然后写自己"扑倒在地"和"蹑手蹑脚"的动作，以及当时的怀疑和推断。总之，随着环境的变化，人物的动作在不断变化，伴随动作产生的心理活动也在不断变化。不到最后，小作者不肯轻易写出看到的是鹧鸪。这样不断地设置悬念，扣人心弦，便使习作产生一种很强的吸引力，让人忍不住读下去。

快乐诗园

空中舞台

彭俐

雷叔叔的胳膊粗，
乐队里专敲架子鼓；
闪电阿姨腰儿细，
空中舞台跳霹雳。

咚咚咚，
唰唰唰，
演出现在开始啦！

暴风雨是一个筛子

毕淑敏

　　我35岁的时候，考上了一所夜大。每天下班后，要穿越五条街道去读书。一天傍晚，台风突然来了，暴雨如注。老师还会不会来上课呢？我拿不准。那时，电话还不普及，打探不到确切的消息。考虑了片刻，我穿上了雨衣，又撑开一把伞，双重保险，冲出屋门。风雨中，伞立刻被劈开，成了几块碎布。雨衣也背叛了我，鼓胀如帆，拼命要裹挟我到云中去。我扔了雨衣，连滚带爬赶到了学校，看门的老人却说，从老师到学生，除了我，没有一个人来！

　　那一瞬，我非常绝望。不单是极端的辛苦化为泡沫，更有无穷的委屈和沮丧。

　　老人见我失魂落魄的样子，让我进他的小屋歇口气。伴着窗外瀑布般的水龙，老人缓缓地说："你以后会有大出息。"我说："我是一个大傻瓜啊！"

　　他说："所有学生里，只有你一个人来上学了。看，暴风雨是一个筛子。胆子小的，思前想后的，都被它筛了下去，留下了最有胆识和最不怕吃苦的人。"

　　那一瞬，好似空中打了一个闪电，我的心被照得雪亮。也许我不是3 000名学生当中最聪明的，但今晚的暴雨，让我知道了，我是3 000名学生中最有胆识和毅力的人。

从那以后，我就多了一份自信，一步步有了今天的成功。

【作家简介】

毕淑敏，国家一级作家，从事医学工作20年后，开始专业写作。北京作家协会副主席。著有《毕淑敏文集》十二卷，处女作《昆仑殇》，长篇小说《红处方》《血玲珑》，中短篇小说集《女人之约》，散文集《婚姻鞋》等。多篇文章被选入现行新课标中、小学课本。曾获庄重文文学奖、陈伯吹儿童文学奖、昆仑文学奖、解放军文艺奖等奖项。

幽默派对

没有标点的作文

老师："你的题为《抢救亲人》的作文怎么连一个标点符号也没有？"

学生："事情太急，顾不上停顿。"

两颗雨点儿

邱杰

"轰隆隆——"一阵雷声响过,一颗小雨点儿跳离云朵妈妈的怀抱,向大地奔去。半空中,它遇到了一颗匆忙奔跑的大雨点儿。

"喂,你好!请问,你叫什么名字?要到哪里去?"小雨点儿大声问道。

"我叫'骄傲',想到大草原上去,那里有许多伙伴等着我呢!"大雨点儿朝着小雨点儿笑了笑,反问道,"你叫什么名字?想到哪里去呢?"

"我呀——"小雨点儿连续翻了几个跟头,然后扮了一个鬼脸说,"我叫'自豪',我想到有花有草的地方去,那儿需要我的滋润呢。"

"哦?你就是'自豪'呀,说来咱俩还是同一朵云的孩子呢。"大雨点儿朝小雨点儿靠了靠。

"我也听妈妈说过,我有个哥哥叫'骄傲'。她还告诉我,我俩都可指由于某种正当理由而感到荣耀呢。"半路上遇到了自己的哥哥,小雨点儿感到特别幸福。

大雨点儿笑了笑,轻轻地拉起了小雨点儿的手,说:"如果有人问起咱俩的区别，你能说出来吗？"

"我知道。你可用于褒义，如：古代四大发明是中国的骄傲。也可用于贬义，指自以为了不起，看不起别人。如：一当上班长，她就骄傲起来，不把别人放在眼里了。"小雨点儿来了个漂亮的前滚翻，继续道，"我呢，只用于褒义，着重指因为自己或者与自己有关的集体或个人具有优良品质或取得伟大成就而感到光荣，如：奥运会的成功举办让我们每一个中国人都无比的自豪。"

"你说得很好。"大雨点儿轻轻地拍了拍小雨点儿的肩膀，说，"我还能做名词使用呢，如：天安门是中国人民的骄傲，它和广大人民同呼吸，共命运。"

"呵呵，你的面孔真的很多哦。"说着话，小雨点儿与大雨点儿紧紧地拉起了手，一起向着大地奔去。

▪趣 味 语 文▪

猜猜我是谁

天南地北都能住，
春风给我把辫梳，
溪畔湖旁搭凉棚，
能撒雪花当空舞。

【参考答案】 ┈┈┈┈┈┈┈┈┈┈┈┈┈┈┈┈┈┈┈┈┈┈┈

柳树

二月为什么天数最少

王昌铭

一年十二个月当中，为什么二月的天数最少呢？

公元前46年，罗马皇帝盖乌斯·尤利乌斯·恺撒以古埃及的历法为蓝本，创立阳历的时候，规定单月31天，双月30天。

二月是行刑的月份，被认为不吉利，人们希望它尽快地过去，就规定为29天，闰年才30天。这样，全年的天数刚好合适。

盖乌斯·尤利乌斯·恺撒为了显示尊严，把自己的名字作为出生月七月的月名。他死后，侄儿奥古斯都继位，也仿照叔父的做法，把自己的名字作为出生月八月的月名。但八月是双月，照原历法只有30天，似乎还是比叔父矮了一截。于是，他又决定从二月中抽出一天加在八月上，并相应地把九月以后的月份改为单月30天，双月31天。

这样，二月的天数就更少了，平年28天，闰年29天。

文学家出错的启示

顾小丽

文学家王安石一次看到一首诗，其中有两句是"明月当空叫，黄犬卧花心"，不禁哑然失笑。他想："明月怎么会叫呢？黄犬岂能卧在花心？"于是提笔将诗改成："明月当空照，黄犬卧花荫。"后来，他游历到南方，发现南方有一种鸟叫"明月"，叫声婉转动听；有一种昆虫叫"黄犬"，常在花心飞来飞去。他这才明白，原来是自己孤陋寡闻，自以为是了。

王安石把别人的诗改错了，文学家苏东坡同样也把王安石的诗理解错了。一次，他看到王安石一首咏菊诗的草稿中有一句"西风昨夜过园林，吹落黄花满地金"，认为菊花即使凋谢了，也不会落瓣，便在这句诗后写了两句——"秋风不比春花落，说于诗人仔细吟"。后来他在黄州亲眼看到一场秋风后，菊花纷纷落瓣，这才明白是自己错了。

两位文学大师虽然写作水平高超，但由于动植物知识欠缺，写作中照样出现了问题。这说明要写好文章，就要了解各类知识，成为一个百事通。

"然"家总动员

佚名

"然"字组成的词语有很多，你知道什么时候用哪一个吗？

一切照旧用　　飘飘然

表示转折用　　果然

意料之中用　　虽然

坚决果断用　　仍然

不知所措用　　断然

寂静无声用　　茫然

扬扬自得用　　悄然

【参考答案】

一切照旧用——仍然；表示转折用——虽然；意料之中用——果然；坚决果断用——断然；
不知所措用——茫然；寂静无声用——悄然；扬扬自得用——飘飘然。

060

为什么要说"谢谢"

【苏联】苏霍姆林斯基

林中小道上走着两个人——爷爷和小男孩。天气很热,他们多么想喝口水啊!

爷孙俩走到一条小河旁。(清 青)凉的河水发出(青青 轻轻)的潺潺声。他们弯下身子,喝了起来。

"谢谢你,小河。"爷爷说。

<u>小男孩笑了起来。</u>

"您为什么要对小河说'谢谢'?"小男孩问爷爷,"要知道,小河不是活人,它听不到您的话,也不会接受您的感谢。"

"是这样,如果狼喝了小河的水,它是不会说'谢谢'的。而我们不是狼,是人。你知道为什么人要说'谢谢'吗?好好想一想,谁(须 需)要这个词?"

小男孩(沉 陈)思起来,他有的是时间。因为他的路还很长很长……

【练习提升】

1. 选择文中括号里正确的字,并用"√"标出来。

2. 文中的爷爷向谁感恩？为什么？

3. 按要求选择正确的答案，把序号填在括号里。

（1）短文结尾处“他的路还很长很长……”一句中的“路”指的是（ ）

A 前面的林荫路　　B 人生之路

（2）短文画横线的句子中，男孩笑的原因是（ ）

A. 他认为爷爷知道感恩

B. 他认为爷爷的做法愚笨

4. 短文想告诉我们一个什么道理？

【参考答案】

1. 清 轻轻 重 沉 2. 爷爷向小河感恩。因为他们喝了小河里的水。

3.（1）B（2）B 4. 人要学会感恩。

丁丁的阅读笔记

"哇，下雨啦！叮叮叮，沙沙沙，刷刷刷……雨精灵又要为我们快乐地歌唱了。"周五下午放学回家的路上，天空忽然下起了小雨，我不禁兴奋地对爸爸说。

爸爸好奇地看着我，说："原来，雨是一个爱唱歌的小精灵啊！"

我望着车窗外的天空，对爸爸说："对啊，不过，毕淑敏阿姨说，暴风雨是一个筛子。胆子小的人会被它筛下去。"

爸爸后来告诉我，暴风雨象征着我们生活中的挫折和困难，它随时都可能降临，但我们不应当害怕，而应该自信、勇敢和坚强地去面对。

第 5 章

★ 我的幻想 ★

穿越到2050年的新加坡

告诉你一个小秘密，昨晚月亮姐姐带着小星星们来我家做客了。我们一起玩捉迷藏，可是小星星一点也藏不住自己的光，总是第一个被发现。嘘！可千万别被他们听见哦。

走进未来

【新加坡】谢瑜融

"啊！好困呀！"奇怪，今天我的闹钟怎么没响？该不会是坏了吧。我本想问妈妈准备了早餐没有，却意外地发现我的家跟昨晚我上床睡觉时有很大差别。我叫了几声爸爸妈妈，却一点回应也没有。

我看了看从门缝里塞进来的报纸，惊讶地发现今天是2050年1月1日！莫非有人和我开玩笑？

我梳洗完毕，决定给同学打电话问个究竟。意外的是，我怎么都找不到电话，就连电视机、收音机和电风扇也消失了！我这才发现家里多了几台电脑。

我决定打开电脑看看。更奇怪的事发生了，我一靠近这些电脑，它们就立刻启动了。忽然，一阵嘀嘀声从厨房传来，吓了我一大跳。到底什么情况？我跑进厨房一看，原来机器人已经把早餐准备好了。

我这才知道，家里的一切电器都改由电脑控制了。我顾不上吃饭，穿好衣服走出家门，发现外面的世界也变了样儿。

我连忙问路人今天的日期，他们都说是2050年1月1日。2050年？原来我走进未来了！

只见公路上所有的车子都用上了电池，再也不像以前那样冒黑烟污染空气了。公路上也寻不到电单车和巴士的踪影，因为地铁和轻轨已把新加坡各个地方连接了起来。

我不知不觉走进了超市。超市里没有收银员，买好东西就自己结账，也不用钞票和硬币，都是用银行卡付费。

超市里所有的蔬菜和水果都是无公害的，有些还经过基因改良，使其更有营养，就连汽水和零食也加入了营养成分以利于人类健康。

我又来到了书店，从"电子书本"里获知，人类的平均寿命已增至100岁，饮用水由海水淡化厂供应，人类还在海底建造了"玻璃城"……

突然，我无意间被石块绊倒了，一道白光在我眼前闪过……

我被闹钟吵醒，但是我很清楚地记得刚才发生的事。我连忙翻开报纸，2015年3月2日，开学的第一天，我回到自己的年代了！

【简评】

这是一篇想象作文。文章的第一个优点是想象大胆、离奇。小作者一觉醒来就到了2050年，家中的一切电器都由电脑控制，公路上的汽车都用上了电池，饮用水由海水淡化厂供应……真是既离奇又让人期待。第二个优点是写法自然、生动，文章开头一下子到了2050年，并未写明是梦境，读者也以为作者一开始就是写想象，但并不是，"被闹钟吵醒"一句点明了刚才写的是梦境。这种写法很有感染力。

※【美文收藏】※

令人怀念的房子

【美国】弗朗西斯·基思

早春，我们邻里的一所房子变得暗无灯光，死气沉沉。这是多么奇怪啊！因为这所房屋过去总是充满着欢乐，是个有趣的地方。

我记得曾经多次和表妹在我邻居的厨房里，用旧锅、旧盘子玩过家家。哦，我们装得跟真的一样，多么有意思呀！

记得在凉爽的夏夜，我帮助我的邻居浇花。她非常喜欢花。她的整个前院是一个大玫瑰园，种满了深红、浅黄和淡紫色的玫瑰。

有时我们还到她那充满松香味的柜子里探寻秘密。我们找到了小金首饰、旧围巾、发黄的照片和其他她念念不忘的纪念品。

那里还常常有聚会。大家谈呀，笑啊，我们这群叽叽喳喳的孩子在房子里到处跑，和那只叫作"得克萨斯"的褐色大狗玩耍。然后我们吃自制的冰激凌和大块的楔形巧克力蛋糕。

我最高兴的事是爬到她橱柜的最高层，观赏她珍藏的盐瓶和胡椒瓶。它们多达50余种。当我把这些色彩漂亮、形状各异的瓶子逐个看个遍之后，她会把我拖下来，让我坐在她身旁，听她讲她童年的故事。当年她会偷偷地从厨房的窗子溜出去，去参加聚会，或者爬上围墙，以便骑到一头灰色的老骡的背上。

然而，现在她的房子变得漆黑寂静。我的邻居，我的奶奶去世了。但她永远活在我那美好的记忆中。我记得她，也记得那所临街的、古老而又久经风霜的房子。

【简评】

中国有句话叫作"睹物思人，物是人非"，因此，看到空了的房子，想到主人在时这房子里的热闹情景，所想念的还是人。

这篇文章就是这样，它的巧妙之处就在于，不直接写已经去世的老奶奶，而是通过回忆"我"在老奶奶的房子里曾经度过的快乐时光来怀念她。通过作者的回忆，我们看到了一位爱花、爱孩子、做蛋糕和冰激凌给大家吃、讲故事给大家听的善良的老奶奶。这样的写作手法值得我们借鉴。

名人名言

成功者找方法，失败者找借口。
——谚语

失败也是我需要的，它和成功对我一样有价值。
——【美国】爱迪生

山鸡与凤凰

临夏

　　一个楚国人外出时在路上碰到一个挑着山鸡的村夫。因为这楚人从未见过山鸡，所以一见到长着漂亮羽毛和修长尾巴的山鸡就认定它不是一个俗物。他好奇地问村夫："你挑的是一只什么鸟？"那村夫见他不认识山鸡，便信口说道："是凤凰。"楚人听了心中一喜："我以前只听说过凤凰，今天终于见到了！你能不能把它卖给我？"村夫说："可以。"楚人出价五两黄金。那村夫想："既然这个傻子把山鸡当成了凤凰，我岂能只卖五两黄金？"村夫把卖价提高一倍以后把山鸡卖给了楚人。

　　楚人高高兴兴地把"凤凰"带回家，打算第二天献给楚王。谁知过了一夜"凤凰"就死了。楚人望着已经僵硬的"凤凰"，感到很沮丧。此刻，他脑海里没有一丝吝惜金钱的想法，但对于不能将这种吉祥神物献给楚王感到心痛不已。

　　这件事一传十、十传百，很快被楚王知道了。虽然楚王没有得到"凤凰"，但是被这个有心献"凤凰"给他的人的忠心所感动。于是，楚王派人把这个欲献"凤凰"的楚人召到宫中，赐给了他比山鸡的价格多十倍的金子。

丝瓜变"面条"

王冠

丝瓜是一种蔬菜，面条是一种面食。说丝瓜会变成面条，这是怎么一回事呢？

在非洲的马达加斯加地区，丝瓜真能变成面条，不过这种面条和我们吃的面条不完全相同，只是样子也是一条一条的。

怎么变呢？方法是把丝瓜放在锅里煮一煮，捞出来就是上好的"面条"了。加上调料，味道更好，你见了一定会馋得流口水。

有趣的是，这种丝瓜不是长在藤上，而是长在树上，当地人称它为"须果"，而结须果的树叫面条树。

面条树树干粗壮，叶子狭长，边缘有锯齿，结的果大都长一米左右，不细看还以为是大丝瓜呢！

当地居民有了这种树，吃"面条"就方便了。须果成熟后，摘下来洗净晒干，储藏起来，随吃随取，放上一两年也没问题。

"沛"字有几画

贺婷

班会上，老师组织大家做一个游戏，要求每个人写几个班里其他同学的名字。小豆豆心想："我们已经在一起学习生活五年了，这可是小菜一碟。"同学们聚精会神地写着，老师在座位间巡视，忽然瞥见一位同学把"金沛沛"的"沛"字写错了，就冷不丁地问大家："你们知道'金沛沛'的'沛'字有几画吗？"

小豆豆在手心里写了写，胸有成竹地第一个举起手："8画。"

"错！"金沛沛先喊出声，老师也摇了摇头。

"明明是8画，我一直都这样写，怎么会错呢？"小豆豆很疑惑，其他同学也纷纷拿起笔开始写起这个字来。

这时，金沛沛站起来纠正大家："'沛'字是7画，不是8画，不信，你查查字典。"小豆豆翻开字典，第一个查出来，果然在三点水部的4画里查到了"沛"字。

"'沛'的右边像'市'，但不是'市'，'柿子'的右边才是'市'。'沛'的右边的笔顺是：横、竖、横折钩、竖，共四画。"老师边说边按笔顺写出"沛"字。

"该怎样分辨呢？"豆豆问。

看大家专心致志、一丝不苟，老师告诉大家一个窍门："凡读音的韵母是'ei'的字，如'肺''沛'等，右边都是四画。凡读音是'shì'的字，如'柿''铈'字，右边应写成'市'。"

同学们若有所悟地点点头。

豆豆又问："我有一个问题，请问金沛沛，你家人为什么给你起名叫'沛沛'？"

老师笑着说："这个问题提得好。"

金沛沛大声解释道："大家知道'精力充沛'吧，'沛'是充盛的样子。你们也一定听说过'项庄舞剑，意在沛公'的故事，沛公就是汉高祖刘邦，是西汉王朝的开国皇帝。家人给我起名叫'沛'，是想让我从小就精力充沛，努力学习，长大做一个像刘邦一样志存高远的人。"

同学们听了，纷纷给金沛沛鼓掌。

快乐诗园

蜻蜓

陈静

有人说
这一架小飞机
到处都有着陆的地方
要真是这样
那多方便
蚂蚁可以在家门口登机

谜语藏在对联中

佚名

我能够根据对联猜谜语。

1. 三人口中吞扁担；一夫胯下骑太阳。（同猜一字）

2. 口中含玉确如玉；田上有草实无草。（各猜一字）

3. 牛过独木桥；马拴石头旁。（各猜一字）

4. 乘客同声夸司机；行人结伴赏花灯。（各猜一句日常用语）

倾听鸟语

佚名

我爱鸟。

过去在乡下，到处是树，有树就有鸟，树多鸟也多。大麦泛黄时，黄鹂天不亮便开了嗓子："大麦大麦黄黄，大麦大麦黄黄啦！"夏日里，布谷鸟不紧不慢地叫着"布谷——布谷——"，还有一种叫不出名字的鸟儿，在天空欲雨时，急促地叫着"滴水，滴水"。云雀、白头翁、灰喜鹊、燕子……最多的是麻雀，田野里，草堆上，树丛中，成百上千地一哄而起，顷刻间消失得无影无踪。

刚进城那几年，宿舍围墙外有许多高大的梧桐。清晨和傍晚，成群的鸟儿，聚集在树上，准时举办着欢快热闹的"森林音乐会"。鸟声里，我们迎来朝霞，送走夕晖。我仿佛又找到了在乡下的那种感觉。

鸟语是世间最美的语言。节假日，我更爱到山里去倾听鸟儿的鸣唱。找一片幽深的林子，静静地躺在铺满落叶的土地上，这时你的心灵便贴近了山的心灵。

鸟是世上尽善尽美的灵异之物，没有比鸟更俊俏的。长长的尾巴，尖尖的嘴，鲜艳光洁的羽毛，优美无比的流线型体态，婉转流丽的鸣唱。常念江南青青的水稻田里，一只两只的白鹭，蜷着一条腿，缩着颈子，间或低飞于黄昏的空中，背衬以黛青的山和油绿的梯田，多美的一幅画，赋予了生活多少的诗意。

假如天空里不见了鸟影，生活里闻不到鸟声，人类将会多么寂寞。多一点爱给鸟类朋友吧，让我们拥有一个共同的家园。

【练习提升】✏️

1. 用"＿＿＿＿"画出描写鸟外形的句子。

2. 根据意思在文中找出相应的词语。

（1）说明麻雀很多的词语：

（2）说明鸟儿鸣唱动听的词语：

3. 短文表达了作者＿＿＿＿＿＿＿＿＿＿＿＿＿＿＿＿＿。

【参考答案】

1. 长长的尾巴，尖尖的嘴唇，黄褐色浓淡的羽毛，优美无比的流线性的身体。2.（1）成群成千（2）婉转流畅 3. 对鸟的喜爱之情

丁丁的阅读笔记

　　新加坡小朋友写的那篇《走进未来》可真不错。不知道，未来的世界是不是会像文章里所写的那样，到处都是高科技，连早餐都由机器人来准备。如果真的是那样的话，我就再也吃不到妈妈为我亲手烹制的美食了，那可是充满了爱的味道啊！

　　不过，在新加坡小朋友想象的未来世界里，我们生活的环境变得比现在好了，空气也比现在清新了，我们所吃的食物也更加安全了。总之，他相信，未来的世界一定比现在好。

　　可是，我在想，与其等到未来才能看到这一切，不如从现在起就行动起来，加入保护环境的队列中。这样才能预见更好的未来。

第 6 章

★ 我的关爱 ★
一只调皮的俄罗斯公猫

　　听说杰克鼠又偷吃了汤姆猫的甜点。哎，真不知道，这对淘气又可爱的小伙伴什么时候才能休战啊！

我家的猫

【俄罗斯】拉萨

西拉奇是我家养的公猫，今年三岁了，长得十分惹人喜爱。它的小鼻子是玫瑰色的，两只耳朵又尖又长，走起路来同雪豹一模一样。

西拉奇坐着的时候，两条前腿总是伸向前方。这样，它可以坐很久，并且能聚精会神地观察四周的动静。它睡觉的姿势也很美妙：头总是枕在前腿上，鼻子就藏在脚掌中。

西拉奇最喜欢追着小皮球玩。玩累了，它就在妈妈脚边转来转去要吃的。这时候如果拿一条鱼逗它，它准会用后腿支撑全身"站立"起来，并且喵呜喵呜地叫个不停。

西拉奇平时很守规矩，可是有一次在它身上发生了一件趣事。

原来，我们每到夏天就到郊区的别墅去避暑，西拉奇总是被带去的。一天中午，妈妈正在准备午餐，西拉奇在玩耍。

突然，西拉奇发现了一只小鸟，它立即弓起身子，悄悄地钻进了草丛。只见西拉奇猛地扑上去，小鸟逃脱不及，被它用两只前爪按在泥地上。

几秒钟以后，它以为小鸟已经死了，就松开爪子。谁知道，鸟儿突然飞了起来，笔直地窜进了树林。

西拉奇顿时两眼直冒怒火，沿着田间小路狂奔起来，一直跑到疲惫不堪为止。

后来，也许是没有抓住小鸟心情不好吧，它又躺在胡萝卜地里打滚，把胡萝卜秧撞得东倒西歪，乱七八糟。妈妈生气极了，狠狠教训了它一顿……

从此，西拉奇再也不去抓小鸟了。

【简评】

这篇短文的描写对象是一只小猫。文章处处流露出小作者对"西拉奇"的喜爱之情。由于平日留心观察，小作者把小猫写得活灵活现、栩栩如生。

文章开头先介绍"西拉奇"的外形特征：玫瑰色的小鼻子，又尖又长的耳朵，走起路来同雪豹一模一样。接着写它睡觉时的神态和肚子饿时的表现。使人读后，觉得小猫如在眼前，确实可爱。

以上仅是对猫的外形的描写，这还不足以反映出小猫的全貌。于是小作者又对猫的神态做了进一步的描写，并且抓住猫捉小鸟、又放跑了小鸟这件趣事，来表现小猫平日温顺，"很守规矩"，但一遇到猎取的机会，就显得勇猛异常。尤其是当小鸟飞走时，它气得"顿时两眼直冒怒火，沿着田间小路狂奔起来，一直跑到疲惫不堪为止"，后来"又躺在胡萝卜地里打滚，把胡萝卜秧撞得东倒西歪，乱七八糟"，写得妙趣横生，给人留下了深刻的印象。

窗外

马德

自然，把一方山水镶嵌在窗外。山柔情，水妩媚，绿是沁绿的，凉是浅凉的，在眉峰上横亘，在手腕里温润，在心窝里波光潋滟，招惹着人。

窗子打通了人和大自然的隔膜，把风和太阳逗引进来，使屋子里也关着一部分春天，让我们安坐了享受，无须再到外面去找。其实，窗子逗引进来的，何止是风和太阳啊！星辉，雾岚，暮鼓，晨钟，朗月载来的皎洁，庭树摇碎的细影，夜歌的恣意与悠扬，都从窗外来。软软的，酥酥的，细细的，像初生羔羊的蹄印，又像淡春的润雨，落在你的心鼓上。

而这一切，仿佛又能给人以极大的解脱，痛苦、忧伤、落寞一样一样地卸下来，让你浑身没有了挂碍，变得轻松惬意起来。

自由的生命，都在窗外。一只悠闲独步的蚂蚁，电线上晾翅的一只鸟，塘里的一粒蝌蚪，泥土下一条蚯蚓，活得无牵无挂无拘无束。

无论是茅屋的草牖，还是高楼大厦的玻璃幕窗，作为窗户本身，从来没有阻隔过谁，也没有拒绝过谁。你推开窗户，看看天的高远与蔚蓝，听听鸟的鸣叫和飞翔，闻闻青草的芳香，就感受到了另一种方式的温馨和爱。

这是窗外的意趣，也是人生的意趣。

狐狸的心病

朱砂

最近，狐狸心情非常不好，他感到自己所处的环境看似平静，事实上却危机四伏。

按说，狐狸在草原上的生活可谓衣食无忧，每天不用费什么力气便能轻松地捕到兔子、羊羔、草原鼠之类的小动物，或是拣食点鸟蛋、昆虫。有时心情好，狐狸还会换换口味，在草丛里寻找一点浆果吃，补充一下身体所需的维生素。

然而，舒适的生活并没有使狐狸放松警惕。他无意中发现，草原丰美的水草使牛、羊、野驴等食草动物的种群不断扩大。而狼、狍子、猞猁、野猪等这些比自己躯体庞大的动物们也正在不断争夺生存空间。

更可怕的是，这些动物的繁衍速度好像都比自己的种群快，尤其是野猪，一次能生十来个孩子，而自己每次只生四五个。长此以往，哪里还有自己的立足之地？

狐狸冥思苦想，决定利用狮子的力量除掉这些潜在的威胁。

于是，狐狸到处造谣说，野牛、野马、野驴他们仗着自己身材高大、数量多，正密谋要夺取狮子的王位。

消息很快传到狮子的耳朵里。狮子大怒，下令对草原上比自己身材高大的食草动物一律赶尽杀绝。

可怜这些动物们，在很短的时间内便被斩杀殆尽。少数幸存的也仓皇逃出了草原。

第一步得逞后，狐狸又在狮子耳畔吹风说，现在草原上能作为狮子食物的只有羊群了。而狼、狍子、野猪、猞猁们每天都在和狮子争夺食物，长此以往，狮子的后代将会遇到食物匮乏的问题。

狮子一听有理，再次卜令，要将所有和自己争夺食物的食肉动物统统杀光。

就这样，狮群又开始四处追逐和自己争夺食物的动物们，草原上随处可见狼、狍子、野猪、猞猁们的尸体。

终于，所有对狐狸造成威胁的动物们死的死，逃的逃，只剩下了狐狸和狮子独霸草原。

见所有的心病都一一解除了，狐狸感觉自己终于可以松一口气了。

然而没过多久，狐狸惊奇地发现，一种奇怪的病开始在草原上蔓延。先是羊群，接着是狮群，最后连狐狸种群里也出现了这种怪病。

这种怪病非常可怕，一个家族或是一个种群，只要有一个成员得上这种病，其他成员便相继死去。

听说这种病的来源，是由于羊群喝了被大量动物死尸污染了的河水。

像其他动物一样，狐狸最终也没能幸免于难。临死前，他仰天长叹：容不下别人的人，上天又岂能容得下他！

小蜗牛看牙医

莫晓红

小蜗牛豆豆无精打采地趴在一朵南瓜花上，"哎哟，哎哟"地叫着。小蝴蝶听见了，问："小蜗牛，你怎么了？"

豆豆皱着眉头说："我牙疼，已经好几天吃不下东西了。我走得太慢了，河马牙医的诊所好远啊！"

小蝴蝶热心地说："小蜗牛，你别着急，我去帮你把河马医生请来吧。"不一会儿，小蝴蝶就飞到了河边的诊所，把河马牙医带到南瓜地里来了。

河马医生拿出放大镜，左看右看也没找着小蜗牛的嘴巴，它不停地对小蜗牛说："唉，你的嘴巴在哪儿呢？"

小蜗牛耷拉着触角，有气无力地说："我的嘴巴在触角的下面，有一个小洞……"

终于，河马医生找到那个小洞了："可是……你的牙又在哪儿呢？"

蜗牛着急地说："小洞就是我的嘴巴啊，里面有一条锯齿状的舌头，我的牙齿就在舌头上，其中有一颗已经疼了好几天了！"

河马医生拿着放大镜找啊找，天哪，它发现小蜗牛的牙齿可真多啊，应该有两万多颗吧。河马医生找了整整一上午才找到那颗坏牙，它立即给坏牙注射了药水。

豆豆的牙终于不疼了。可是，河马医生却累得趴在南瓜地里"呼呼"地睡着啦！

【喵博士讲科学】

蜗牛是世界上牙齿最多的动物，虽然它的嘴巴和针尖儿差不多大，但里面有25 600颗牙齿呢！

幽默派对

牛皮的用处

老师问同学们："谁能说说牛皮有什么用处啊？"

牛牛抢着举手："可以做皮鞋，做皮带……"

冰冰接着回答："可以拿来吹！"

老师摇摇头，转向小明说："小明，你最乖了，你来回答一下。"

小明犹豫良久："牛皮最大的用处就是包住牛的肉……"

老师："……"

苏东坡钓鱼

佚名

一天中午，苏东坡去拜访佛印和尚。佛印正忙着做菜，刚把煮好的鱼端上桌，就听到小和尚禀报：东坡居士来访。

佛印怕把吃鱼的秘密暴露了，急中生智，将鱼扣在一口磬中，便急忙出门迎接客人。两人一起到禅房喝茶，苏东坡喝茶时，闻到阵阵鱼香，又见桌上反扣的磬，心中有数了。因为磬是和尚做佛事用的一种打击乐器，平日都是口朝上，今日反扣着，必有蹊跷。

佛印说："居士今日光临，不知有何见教？"

苏东坡有意开老和尚玩笑，便装作一本正经的样子说："在下今日遇到一难题，特来向长老请教。"

佛印连忙双手合十说："阿弥陀佛，岂敢，岂敢。"

苏东坡笑了笑说："今日友人出了一对联，上联是：向阳门第春常在。在下一时对不出下联，望长老赐教。"

佛印不知是计，脱口而出："居士才高八斗，学富五车，今日怎么这样健忘，这是一副老对联，下联是：积善人家庆有余。"

苏东坡不由得哈哈大笑："既然长老明示磬（庆）有鱼（余），就请让我大饱口福吧！"

好一个善于旁敲侧击的苏东坡！读了这则故事，我们能不发出这样的感叹吗？

旁敲侧击比喻说话、写文章不从正面直接点明，而是从侧面曲折地表明观点或加以讽刺、抨击。同学们，在与人交往或写作的时候，如果遇到不便直接明说的情况时，我们不妨采用旁敲侧击的方式来寻找对策，以达到自己的目的，又获得对方的认同。

快乐诗园

松塔

安武林

一根根小松针
搭就一座小城
一个松塔
就是一个童话里的风景
你听听
小松鼠的脚步声
月光湖的起伏声
怦怦的心跳声
还有童年的梦
和雪花的落地声
都在小小的城里
轻轻地
悄悄地
走动

歇后语大作战

侠名

请你来做"女娲"，将下面的歇后语补充完整，然后读一读。

1. 卢沟桥的狮子

2. 姜太公钓鱼

3. 山中无老虎

4. 狗咬吕洞宾

5. 猪八戒照镜子

※【毛头大练兵】※

玩魔鬼词典游戏

小荷

游戏规则：下面是一组词语，请选择其中的三至五个，创编成一个有趣的故事。

> 沙滩、小草、雨滴、大象、
> 太阳、森林、月亮、小溪、长颈鹿

一位小朋友从中选择了"小草、大象、月亮"三个词，编写了一个童话故事：

森林里，小草们快乐地生长着。一天，突然来了一头大象，它毫无顾忌地在草地上踩呀踩呀，把小草们踩得奄奄一息，有的叶子烂了，有的骨折了，大家都疼得哇哇大哭。傍晚，月亮姐姐来了，她温柔地陪小草们聊天，用柔柔的月光减轻它们的痛苦……

【指点迷津】

通过大胆的想象，用三个看似毫无关联的词语竟然编出了一个小故事，多有意思呀！怎么样？你也来玩玩这个游戏吧！

丁丁的阅读笔记

　　西拉奇，它是《我家的猫》里的主人公，一只来自俄罗斯的可爱的小公猫。当我读完这篇有趣的作文之后，不禁让我想起了我的小伙伴丁豆。

　　丁豆曾是一只流浪猫，后来被妈妈发现抱回家里养了起来。可是，由于它的身体实在是太柔弱了，没过几个月就离开了我们。

　　现在，回想与丁豆相伴的每一天都是那么难忘。每天早晨，当太阳公公还在被窝里的时候，丁豆就已经悄悄地爬到我的枕边，用它温柔的喵喵声唤我起床了。而当我背起书包准备上学的时候，丁豆又用渴盼的眼神望着我，希望我早点回家。

　　好想你啊，丁豆。

第 7 章

★ 我的憧憬 ★
雪天的美国也有阳光

冰雪融化，春天来了，大地妈
妈忙得不可开交，她在干什么呢？
哦，我知道了，原来是在忙着叫醒
她的孩子呢。听啊，大地妈妈在
说："春风、春雨、春光，快快起
床啦！"

雪天的日记

【美国】弗兰克林·露丝

元月十二日

醒来的第一个感觉便是冷。隔窗望去，好大的一场雪呀！白雪给大地披上了银装，覆盖了一切，就连往日那郁郁葱葱的大山和山脚下的村庄也被大雪掩盖了。我多么希望我们能有足够的食物来熬过这雪天呀，要知道，两只小狗——杰克和艾拉吃得并不比我少。

元月十六日

雪还在不停地下。从昨天早上起，我们就已经断粮了。一个钟头前，杰克和艾拉跑了出去，它们知道我这儿已经没有可吃的东西了。大雪封住了门，我只好将它们从窗户那儿递出去。天哪！外面的雪足有两尺来深！

元月十七日

杰克和艾拉昨天晚上没有回来。"亲爱的，"我默默地祷告，"你们才五个月，是这可恶的天气夺去了你们幼小的生命。"黎明时分，我忽然听见窗外有狗叫声，打开窗户一看，简直不敢相信——杰克正对着窗户叫呢，艾拉叼着一只大灰兔和它并排站在雪地里。它们将野兔从窗口甩进屋里。乖乖，这足够我的一顿晚餐了。

元月十八日

风仍在狂呼，雪还在下。杰克和艾拉又出去了，鬼知道它们这回又将弄回来些什么。尽管从十五日起我们已经没有粮食了，但我又是多么幸运呀！因为我有两只可爱的小精灵。

元月二十日

今天的雪似乎小些了，但天空依旧阴得像块铅，外面的雪已有三尺厚了。我亲眼看到艾拉在房子附近逮住了一只野兔，然后它和杰克一道又把野兔扔进了屋里。

元月二十五日

雪停了，风住了。

到今天为止，我们已经分享了四只野兔、八只野鸽、五只小鸡了。在这短短的一周里，两只小狗也长大了不少，它们现在可以称得上是"猎犬"了。我可爱的、忠实的伙伴，危难之中你们不顾一切地救了我。

尽管阳光极力要冲破乌云，把它的光辉洒向大地，但天气依旧寒冷，晴冷。也许，明天我就可以回到村里了……

【简评】

作者采用日记的形式作文，十分新颖，这种文体特别适合用来记叙变化中的事物。

作者的六则日记读来新奇有趣，这自然与记叙的内容新鲜、特别有关，但也与作者较好的文笔有关。

在这组日记中，作者记叙了从下雪到雪停的数天的生活。重点写了他的两只忠实、勇敢的小狗。它们在危难之中不顾一切地捕捉猎物，帮助主人渡过难关。

最后一天，"雪停了，风住了"，作者想，"也许，明天我就可以回到村里了……"表达了对明天的憧憬，也留给读者无尽的想象。

幽默派对

用脑子

父亲教儿子学算术。

"一个加五个，等于几个？"

儿子扳着手指头算了一会儿，答道："是六个。"

"七个加十五个呢？"

儿子又扳着手指算，手指数不够，就加上脚趾头，还是不够。怎么办呢？父亲看他发愁的样子，说："你不会用脑子吗？"

儿子："脑子只有一个，加上去还是不够用啊！"

攀登书的阶梯

【奥地利】雷内·威尔斯

　　一个女孩坐在美丽的花园里，花园四周围着高高的大墙。她是一人独处。别问我她是怎么来到花园里的，也别问是谁给她送吃的。我不知道。

　　这女孩感到孤独。这墙的某个地方一定有门吧，她想。于是她顺着墙缓缓地走起来，手在石头上摸索着，可她找不到裂纹，没有缝隙，没有开口。她敲敲墙，试试声音，可敲遍了大墙，到处声音都一样。

　　女孩坐在花园中间的大树下，天上掠过一群鸟儿。突然她身边出现了一本书。在第一页上挺立着一个大大的A，它边上是一个红红的苹果（apple）、一只蚂蚁（ant）和一条鳄鱼（alligator）。第二页上是字母B，边上是一只球（ball）、一头熊（bear）和一只鸟（bird）。

　　当这女孩学会了所有的字母后，天上又飘下了第二本书，第三本、第四本、第五本……女孩把书从头翻到尾，每本书的沙沙声都不一样。她闻了这些书，每本书的气味都不一样。起初女孩只是学字母，后来字母开始形成字词，字词变成了句子，最终成了故事。女孩读啊读，她骑上了大象和骆驼，她划起了独木舟，她坐着因纽特人拉的雪橇在冰上飞驰，她坐在了皇家城堡里的金椅子上，又踏上了印第安人圆锥形帐篷里的五彩地毯。当然，最重要的还是书里的孩子们，开心的孩子，忧伤的孩子，腼腆的孩子，莽撞的孩子，张狂的孩子，恬静的孩子。

女孩在想象这些孩子们。读书时她就和他们在一起，可当她伸手去摸他们时，却发现只有她自己，因此感到伤心。

这时她想出了一个招儿。她把书一本一本地摞起来，搭起了一架梯子，高得足以爬上去朝大墙外眺望。

她看到墙下还有一个花圃，里面也坐着一个孩子。

"你好呀！"女孩子招呼着那个孩子。

那孩子朝上看过来并张开了他的双臂。女孩下到她自己的园子里，抱了一抱书，把它们摞在墙头上。那男孩头枕着胳膊正哭呢。

"小心！"女孩叫了一声，就把书一本本地扔下去。书像树叶一样飘落到草地上。随后女孩又上上下下几个来回，把书运上来再弄给男孩。于是男孩在自己的一边也搭起了一道梯子，随后一阶一阶小心翼翼地爬上来。

两个孩子伸出双臂拥抱在一起，笑了。然后他们在墙头上坐下，两腿荡来荡去。

【收藏理由】 ✏️

你看，就像一个连锁反应，从一个字开始，词语、句子和故事，排着队形，理理衣服就来了。谁说你没有一块童话里的飞毯呢？想去哪儿，打开书就是了！你也不是一个人去玩，一个好听的故事会给你带来一堆朋友。赶快把你喜欢的热乎乎的故事，讲给朋友们听吧。

会跳舞的金鱼

徐光梅

鱼缸里有一条很漂亮的金鱼,她每天都在鱼缸里跳舞。

黄狗第一次看到这种情景,很是惊讶。他呆呆地看着金鱼在鱼缸里不时起舞,觉得她真像个舞蹈家。

一天,黄狗终于忍不住问金鱼:"喂,你为什么要跳舞呀?我从没见过会跳舞的鱼!"

金鱼隔着玻璃对黄狗说:"还不是因为那只猫嘛!"

金鱼说的猫是指主人家养的那只黑猫。"他已经盯了我好几天了,我害怕着呢!所以我想让他欣赏我的舞姿,也许他能就此打消吃我的念头了。""哦。"黄狗若有所思地点了点头。

第二天,当黄狗从外面溜达回家时,发现黑猫正在吃鱼。黄狗抬头一看,鱼缸空了!

黄狗感叹道:金鱼就算跳出再美的舞蹈,在黑猫眼里,她也只是一条可以填饱肚子的鱼啊!

※【你好！科学】※

蚂蚁"理发"

韩涛

"呼哧、呼哧……"勤劳的小蚂蚁多多正搬着一粒大米慢腾腾地向家爬去。它已经忙了整整一上午啦，累得满头大汗。

正巧路过一家理发店，它听到里面有人说话："师傅，赶快给我剪头发！剪短了头发就凉快啦。"多多一听，高兴极了，以为自己找到了凉爽的秘诀。它快步跑到一个小伙伴身边，让小伙伴把自己仅有的两根"头发"咬下来了。

然而，意想不到的事情发生了。小蚂蚁多多不但没感觉到凉快，反而头昏脑涨，走起路来东倒西歪，怎么也找不到回家的路了。它急得哇哇大哭起来。

小伙伴们齐心协力把多多抬回了家。妈妈听说了这件事，抚摸着多多的头说："傻孩子，我们头上长的不是头发，而是触角。我们维持身体平衡、寻找食物、辨认方向、向同伴传递信息都得靠触角，而且触角还有敏锐的听觉功能，能帮助我们躲避危险呢，可不能剪呀！"

多多听了，后悔极了。现在它只能待在家里，坐在镜子跟前，等待那两根"头发"再长出来，这可真是一个漫长的过程哪！

※【文史总动员】※

弄懂 "脍炙人口" 的比喻义

佚名

豆豆写完作业，拿出课本认真地预习，当读到"李白按捺不住激动的心情，随即吟出了脍炙人口的名诗——《黄鹤楼送孟浩然之广陵》"时，不禁停了下来。"脍炙人口"是什么意思？他翻开字典，里面这样解释：美味人人都爱吃，比喻好的诗文或事物，人们都称赞（炙，烤熟的肉）。诗文和美味的烤肉有什么关系？豆豆忙请教爸爸。

爸爸绘声绘色地讲起了脍炙人口这个成语的来历。春秋时的曾参是个孝子。他的父亲曾皙喜欢吃羊枣（一种野生小柿子，俗名牛奶柿）。曾皙死后，曾参竟不忍心再吃羊枣。此事被众人传为美谈。一次，孟子的学生公孙丑就这件事向孟子提问：脍炙（精美的肉食）和羊枣哪样东西好吃？孟子说：当然是脍炙好吃。公孙丑说：那么曾参父子一定都爱吃脍炙了，可为什么父亲死后，曾参只戒羊枣，不戒脍炙呢？孟子回答说：脍炙大家都爱吃，羊枣却是曾皙的特殊嗜好，所以他死后，曾参会继续吃脍炙而不吃羊枣。后人据此引申出脍炙人口这则成语，比喻人人赞美和传诵（多指诗文）。

豆豆听后恍然大悟。爸爸接着说道："不能光从字面上去理解成语的意思，要注意它的比喻义。比如'胸有成竹'不是指身体里插了很多竹子，而是用来比喻做事情之前就已拿定主意了。"豆豆听后不住地点头。

☀【玩转语文】☀

辨风

佚名

自然界的风是各具特色的，你能正确地识别它们吗？

①  风拂面　　⑥  风徐来

②  风送爽　　⑦  风大作

③  风习习　　⑧  风骤雨

④  风刺骨　　⑨  风劲吹

⑤  风细雨

小松鼠看错了

佚名

达尔文是英国人，他从小就喜欢观察花草树木。后来，他成了一位世界著名的生物学家。

达尔文喜欢在每天工作结束后，到树林里散步，呼吸新鲜空气。就是在休息的时候，他也不忘科学研究，还要认真观察树林里的植物，思考一些问题。

有一次，达尔文看见树上有几只小鸟，就站住了，仰着头仔细观察。他一动不动地站在树下看啊，想啊，站了好久。一只小松鼠顺着他的腿，爬上了他的肩头，大概以为他是一根木桩呢。小松鼠左看看，右看看，还挺得意的。树上的松鼠妈妈急坏了，叽叽直叫，好像在警告小松鼠："孩子，你看错了，那不是木桩，是一个人哪！"松鼠妈妈其实不用担心，达尔文十分喜爱小动物，他怎么会伤害松鼠妈妈的孩子呢？

【练习提升】

1. 为加点字选择合适的意思。

103

小松鼠左看看，右看看，还挺得意的。（　　）

①硬而直　　　②伸直或凸出
③很　　　　　④勉强支撑

2. 小松鼠看错了什么？为什么看错了？

3. 从短文中可以看出达尔文是一个怎样的人？

【参考答案】

1. ③ 2. 小松鼠把达尔文当成了木桩，因为达尔文观察小鸟太专
神，一动不动的。3. 他是个对动物观察专注、细致入微，并且爱护小动物的。

幽默派对

再来一个

在演唱会上，歌迷一起大叫"再来一个"。小米问爸爸："为什么他们要大叫'再来一个'？"爸爸说："因为歌星受欢迎，歌迷也十分开心。"

不久，小米的妈妈为小米生下一个小妹妹，小米十分高兴，在医院大叫："再来一个！"

丁丁的阅读笔记

　　星期一那天，我读到了一篇来自美国女孩露丝写的日记，在日记里，她记录下了下雪那几天发生在她身边的事情。读完后，我仿佛感觉到丝丝凉凉的雪花迎面吹来，四周一片纯白，像是来到了冰雪王国一般。

　　不知道，美国的冬季是不是也像我国的冬季一样寒冷。

　　我从来都没有出过远门，长大后我想环游世界。到时候，我会去非洲大草原看动物们狂欢，去加勒比海与海盗们寻宝，我还要去阿拉伯坐飞毯遨游夜空……

　　我希望，在世界的每一个角落都能留下我的大脚印。哈哈！

第 8 章

★ 我的理想 ★
来自马来西亚的吸音宝葫芦

二十年后的我，是面包星球上最了不起的侦探家，整日拿着望远镜寻找从巧克力星球逃跑的大厨师。我在想，如果把他抓来，就有巧克力面包吃了。哈哈！

垂 头 丧 气

化噪声为神奇的"吸音宝葫芦"

【马来西亚】吴大一

　　头顶上的太阳像跟我过不去似的紧盯着我不放，风也不知道跑到哪儿去了，更要命的是从我身旁飞驰而过的汽车拼命地响着喇叭，发出刺耳的声音，还有巴士、大卡车碾过路面的轰隆隆的巨响，加上路旁卖冰水、卖榴莲的小贩的吆喝声，简直把人吵得头昏脑涨，真想快点儿到家，放下沉重的书包歇会儿。

　　还没到巷子口呢，就听到从我家对面那户印度人家传出的震耳欲聋的印度歌，歌声像一条条小虫似的直往我们家里钻。后巷那户福建人也不甘示弱，把《爱拼才会赢》这首歌放得像要给全世界人听似的。天哪，我快受不了了！

　　可恶的噪声让人没法安心读书，没法安然入睡，噪声使得人们的思路被突然打断，噪声更使得人们的情绪不稳定……噪声给人们带来多么大的困扰啊！

　　现在我是个小学生，对噪声这个"大怪兽"暂时还动摇不得，但我下定决心好好读书，将来成为一位杰出的发明家。我要发明一个会吸收所有噪声的"吸音宝葫芦"，像《西游记》里孙悟空把所有的妖怪收进葫芦里一样，只要我把"吸音宝葫芦"的开关打开，所有的噪声便会被它吸个一干二净。我要将全世界的噪声全收进我的"吸声宝葫芦"里。试想，世界上没有了噪声，那该多么和谐呀！

此外，我还要发明一种能将"噪声能"转化为电能、热能、动能或光能的新机器，为我们的地球开发一种新能源。

噪声啊噪声，十年后，你等着瞧吧！

【简评】

　　噪声是恼人的，还有很多害处。化害为利，这正是吴大一小朋友的理想。文章立意高远，涉及当今社会日趋严峻的环保问题。在科学技术日新月异的今天，小作者的理想——化噪声为神奇，谁说不会实现呢？

　　小作者把噪声叫作"大怪兽"，生动形象，而且为后文发明"神奇吸音宝葫芦"做了铺垫。文章想象新奇，还借用了《西游记》中孙悟空的神奇故事，十分巧妙。

　　让我们祝愿小作者的理想早日实现吧！

名人名言

得不到友谊的人将是终身可怜的孤独者。没有友情的社会则只是一片繁华的沙漠。

——【英国】培根

袖子的味道

孙道荣

那天，母亲在厨房忙碌时，手指上不小心扎进了一根竹刺。我赶紧找来针，在火上消毒后，帮母亲挑刺。

印象中，这是我第一次握着母亲的手，如此粗糙。我小心翼翼地，将刺一点点挑拨出来。

捏着母亲的手指时，忽隐忽现，飘过来一股什么味道。我凑近点，味道更真切了，是那种很浓的油烟味，通常你突然走进一间陈旧的厨房时，就会闻到那种浓郁的味道。经年的菜油香、肉的膻气、大蒜叶子味、香葱味、煤气味……全部掺杂混合在一起，就是这种味道，是从母亲的袖子里飘出来的。

小时候，最喜欢拉着妈妈的手，四处走动。母亲自然垂下的手背，和我的头顶差不多高。不过，踮起脚尖，鼻子就可以凑到妈妈的袖口了，能闻见香喷喷的雪花膏的味道。那是多么好闻的香味啊！那时候，妈妈的手温润、光滑，越是寒冷的天，越是红彤彤的，透着可爱。除了雪花膏的味道外，妈妈的袖子上，还有晚饭的味道，喂鸭子的饲料味，肥皂味，以及一点点酒香，那是爸爸端给妈妈的那杯酒，洒落下来的。但我似乎只在记忆里留下了雪花膏的味道，那是妈妈最喜欢搽的东西，很白，很糯，它弥漫的香味经久不息。那是年轻的妈妈留在我印象中最深刻的记忆。我已经很久很久没有闻过母亲袖子的味道了。从什么时候开始，母亲的袖子上，只留下了如此浓郁的日子的味道？

【收藏理由】

　　作者在给母亲的手挑刺时嗅到了母亲袖子的味道。经年的菜油香、肉的膻气、大蒜叶子味、香葱味、煤气味……每一种味道都能勾起他对母亲劳作场景的回忆。这也正是作者构思的匠心之处：截取"袖子"这一很容易被人忽视的细节，把一个勤劳持家、任劳任怨的母亲形象展现了出来。在顺序的安排上，作者由现在母亲袖子上呛人的油烟味，写到记忆中母亲袖子上香喷喷的雪花膏的味道，不由让人感慨：时间都去哪儿了？都跑到袖子上的味道里了。正如作者的慨叹："从什么时候开始，母亲的袖子上，只留下了如此浓郁的日子的味道？"

快乐诗园

葡萄

杜风

葡萄藤，跟我好，
爬上架，结葡萄。
怕我人小够不着，
一串一串往下吊。

☀【寓言来了】☀

爱唱歌的促织

张晓天

山脚下，有一片桑树林。蚕姑娘住在桑树上，促织（即蟋蟀）小姐住在根部的石缝里。她俩是邻居。

一到晚上，蚕姑娘便听见促织小姐的歌声："织，织，快快织；织，织，马上织。"从晚上一直唱到清晨。

促织小姐虽然嗓门响亮，但她只会那一首歌。天长日久，蚕姑娘心里便有些烦躁，但她很有涵养，心想："都是邻居，不能为了一点小事伤了和气。再说，她的歌声也是在提醒自己加紧工作啊！"

有时，蚕姑娘提醒促织小姐："你总是催别人快织，你自己也该动手了，天气一天比一天凉啦！"

"织，织，快快织；织，织，马上织。"促织小姐仍旧唱着歌，从春唱到夏，又从夏唱到秋。西北风吹掉了桑树的叶子。时令已到了深秋。

促织小姐患有间发性气管炎和风湿症，早晚天气一凉，她的旧病就复发。因此，这时已很少听到她的歌声了。

一天中午，天气很暖和，促织小姐到外面晒太阳，抬头向桑树上望去，看到蚕姑娘早已钻进自己织好的白帐子里去了。她不禁感叹道："如果自己早些动手，就不至于冻成今天这样了……"

爱洗食物的小浣熊

滕毓旭

　　小浣熊足足睡了一天，直到傍晚才从梦中醒来。他拖着长尾巴顺着草丛向河边跑去，发出窸窸窣窣的声音，就像一支小夜曲在夜空里飘荡。

　　尽管这声音不大，还是把洞里的小獾子惊醒了。

　　小獾子探出脑袋，发现一个毛茸茸的小家伙在草丛里跑，仔细一看，原来是小浣熊。

　　"喂，小浣熊，这么晚了，你干吗不睡觉，到处乱跑呀？"他不高兴地喊道。

　　小浣熊赶紧停下来，不好意思地说："真对不起，把你吵醒了！我是夜行性动物，现在实在太饿了，想到河里捉鱼吃。"

　　"呀，你会下河捉鱼？"好奇的小獾子一听便来了兴趣，跟在小浣熊身后想看看他的本领。

　　月光下的小河闪着银光，只听扑通一声，小浣熊跳进了河里。不一会儿，他就从水里钻了出来，手里还举着一条活蹦乱跳的鱼。

　　"哇，真棒！"小獾子拍手称好。

　　小浣熊坐在岸边，像小娃娃玩水那样把鱼洗了又洗，才津津有味地吃起来。吃了两口，他又把鱼放进水里洗了洗，接着再吃。

小獾子纳闷儿了："鱼已经很干净了，干吗洗了又洗呀？"

小浣熊歪着脑袋说："因为我叫小浣熊呀！我们家族有个习惯，不论吃鱼虾，还是吃野果、坚果，都要放进水里洗一洗、泡一泡，这样食物的味道才会更加鲜美。"

"原来是这样。"看着小浣熊可爱的吃相，小獾子笑了。

第二天傍晚，小獾子邀请小浣熊到家里做客，为他准备了新鲜的野果，当然，还有一盆清水。

快乐诗园

画地球

李珊珊

泥巴挨着小草
小草挨着花
花挨着树
树挨着房子
房子挨着云
云挨着太阳
太阳挨着风筝
风筝挨着小朋友
小朋友挨着泥巴
泥巴挨着小草

※【文史总动员】※

百尺竿头
陈伟

宋朝时，长沙有位高僧名叫景岑，号"招贤大师"。这位大师佛学造诣高深，时常到各地去传道讲经。

一天，招贤大师应邀到一座佛寺的法堂上讲经。前来听讲的僧人很多，大师讲得深入浅出，娓娓动听，听的人深受感染。

招贤大师讲经完毕后，一名僧人站立起来，向他行了一个礼，然后提出几个问题，请求大师解答。大师还礼后，耐心地一一作答。僧人听到不懂处，又向大师提问，两人一问一答，气氛亲切自然。

听讲的人发现，他们谈论的是有关佛教的最高境界——十方世界的内容。为了说明十方世界究竟是怎么回事，招贤大师当场出示了一份偈贴。所谓偈贴，就是佛教中记载唱词的本子。只见大师指着上面的一段文字念唱道："百丈竿头不动人，虽然得入未为真。百尺竿头须进步，十方世界是全身。"

百尺竿头比喻学问、成绩等达到了很高的程度以后仍继续努力，以取得更好的成绩。

猜猜它是谁

佚名

（一）

头像绵羊颈似鹅，
不是牛马不是骡，
戈壁滩上万里行，
（二）　能耐渴来能忍饿。

说它是虎它不像，
金钱印在黄袄上，
站在山上吼一声，
吓跑猴子吓跑狼。

词语接龙

佚名

毁誉参 ○ 明半 ○ 无天 ○ 新月 ○ 想

天 ○ 门见 ○ 高水 ○ 声下 ○ 象

万 ○ 军万 ○ 到成 ○ 败垂 ○ 千

上 ○ 众一 ○ 口如 ○ 触即 ○ 奋

图 ○ 词夺 ○ 直气 ○ 志凌 ○

【参考答案】

词语接龙（半）明明末（晴）天天（日）新月异（想）入（开）门见（山）高水（长）声下（万）象
（万）军万（马）到成（功）败垂（成）千（上）众一（口）如（一）触即（发）奋（图）词夺（理）直气（壮）志凌
（云）

变戏法带来的发现

佚名

煤气是人们普遍使用的能源，关于它的发现还有一个有趣的小故事呢！

英国人威廉·梅尔道克从小就喜欢做些别人没有做过的事情，尤其爱玩些让大人们吃惊的把戏。

有一天，梅尔道克发现了一些用来做燃料的煤矿石。他突发奇想：把它们放在水壶里加热会怎么样？还能点着吗？说干就干，小梅尔道克认真观察着水壶里的变化。

过了一会儿，水壶嘴开始向外冒出气体。梅尔道克打开了壶盖，然后划了一根火柴，想看看煤矿石还能不能点着。没想到，燃烧的火柴刚一伸到水壶上面，火焰就猛地蹿了起来。这突然蹿起的火焰差点烧着梅尔道克，但是他开心极了——又有一种新玩法了！

后来，梅尔道克走上了化学研究的道路。1792年，他在研究煤矿物质时，想起了童年时代玩的那个游戏。于是，煤气诞生了！而这项伟大的发明只是源于他少年时的一次"戏法"。

别忽视你年少时的突发奇想，哪怕它只是一个孩子的戏法，也有可能成就一项伟大的发明。

【练习提升】

1. 写出下列词语的近义词。

吃惊

认真

研究

忽视

2. 按要求改写下列句子。

梅尔道克打开了茶壶。

（1）改写成"被"字句：

（2）改写成"把"字句：

3. 你是一个像威廉·梅尔道克一样具有强烈好奇心的孩子吗？你有过哪些奇特的想法呢？

【参考答案】

1. 惊讶 仔细 钻研 忽略 2.（1）茶壶被梅尔道克打开了。（2）梅尔道克把茶壶打开了。 3. 略

丁丁的阅读笔记

那个马来西亚小朋友写的作文简直太有趣了。

他说他的梦想是在十年后发明一种叫作"神奇吸音宝葫芦"的机器,这个神奇的机器能把世界上所有的噪声都吸得一干二净。

将来我要发明一台时光穿梭机,让乘坐它的人们在时光隧道里自由穿越。如果你想看一看侏罗纪时代的恐龙,只要我按一下按钮,你马上就会见到它们。如果你想走进未来,也没问题,只要十分钟,就可以到达未来世界……

啊,多么希望我的梦想能够实现!

本书编选过程中,得到不少作者的支持和帮助。在此表示诚挚的谢意!但个别作者联系方式不详,虽经多方努力,未能取得联系,而这些作者的作品我们又不愿意割舍。因此,相关作者见书后请与作文指导报社联系。